U0466433

中国工业发展之路

包头钢铁公司

中国科学技术协会 组编
武月清 编著

中国科学技术出版社
中共中央党校出版社
·北京·

图书在版编目（CIP）数据

包头钢铁公司 / 武月清编著 . -- 北京：中国科学技术出版社：中共中央党校出版社，2022.10
（红色工业）
ISBN 978-7-5046-8977-1

Ⅰ.①包… Ⅱ.①武… Ⅲ.①包头钢铁公司—工厂史—史料 Ⅳ.① F426.31

中国版本图书馆 CIP 数据核字（2021）第 039493 号

策　　划	郭　哲　秦德继
策划编辑	符晓静　李　洁　张敬一
责任编辑	符晓静　齐　放　任丽娜
封面设计	北京潜龙
正文设计	中文天地
责任校对	张晓莉
责任印制	徐　飞

出　　版	中国科学技术出版社　中共中央党校出版社
发　　行	中国科学技术出版社有限公司发行部　中共中央党校出版社
地　　址	北京市海淀区中关村南大街 16 号
邮　　编	100081
发行电话	010-62173865
传　　真	010-62173081
网　　址	http://www.cspbooks.com.cn

开　　本	720mm×1000mm　1/16
字　　数	110 千字
印　　张	12.25
版　　次	2022 年 10 月第 1 版
印　　次	2022 年 10 月第 1 次印刷
印　　刷	北京顶佳世纪印刷有限公司
书　　号	ISBN 978-7-5046-8977-1 / F·930
定　　价	55.00 元

（凡购买本社图书，如有缺页、倒页、脱页者，本社发行部负责调换）

不忘初心，方得始终

鸦片战争以来，为了改变中华民族的命运，一代代仁人志士苦苦寻求救亡图存、民族复兴的道路。但是，从洋务运动的"自强求富"、维新派的"工商立国"、民族资本家的"实业救国"到割据军阀的"实业计划"等，均以失败告终。旧中国工业发展历程证明，没有先进理论的指导，任何政党和团体都不能带领中国完成工业革命，更不能完成社会革命和实现民族复兴。

1921年，中国共产党在嘉兴南湖一条游船上诞生。从此，中国共产党领导中国人民披荆斩棘、筚路蓝缕、艰苦创业、砥砺奋进，走过了艰难曲折的奋斗历程，创造了举世瞩目的辉煌成就，书写了波澜壮阔的历史画卷，留下了弥足珍贵的精神财富。

中国共产党成立伊始，就与工人阶级紧密联系在一起。安源煤矿、京汉铁路、香港海员的工人运动的胜利，展现了中国工人阶级坚定的革命性和伟大的斗争力量。中国共产党走上武装斗争道路之后，红色工矿企业成为革命物资的重要支撑，人民军工从一开始就确立了听党指挥跟党走的血脉基因。中央苏区时期先后创办了官田中央红军兵工厂、造币厂、纺织厂、西华山钨矿、公营纸厂等；安源煤矿、水口山铅锌矿等的产业工人是红军重要的技术兵种来源。抗日战争时期，军工部门领导成立了边区机器厂、延长油矿、盐矿、煤矿、黄崖洞兵工厂等，为坚持敌后抗日战争、夺取抗日战争的最后胜利做出了重要贡献，同时培养出刘鼎、李强、沈鸿、吴运铎、刘贵福等一大批军工骨干。解放战争时期，在东北解放区接收、创办了我军历史上第一个大型现代化兵工联合企业——建新工业公司，为中华人民共和国的建立做出了不可磨灭的贡献；东北铁路总局掌握的运输力量，为解放战争提供了重要后勤支持。

中华人民共和国成立后，在中国共产党的带领下，全国人民艰苦奋斗，在"一穷二白"的基础上，经过"三年恢复期"和两个"五年计划"，建立了独立且较为完整的基础工业体系和国防工业骨架。"三五"时期开始的三线建设提高了国家的国防能力，改善了我国国民经济布局。20世纪70年代初期，在国际形势缓和的形势下，开始了从美国、法国、日本等大规模引进成套技术设备的"四三方案"和"八二方案"，开始同西方发达国家进行大规模的交流与合作。

中华人民共和国成立后的近30年，中国共产党领导中国人民走完了西方发达国家上百年才走完的工业化道路，为改革开放后的全面腾飞打下了坚实基础。如今，中国已成为覆盖联合国产业分类中所有工业门类的制造业大国，工业增加值居全球首位。中国工业建设所取得的巨大成就，完美诠释了中国共产党为中国人民谋幸福、为中华民族谋复兴的初心和使命。

中国科协作为中国共产党领导下的人民团体，是广大科技工作者的精神家园。记录中国革命、建设、改革、复兴事业不断前进的艰辛历程，发掘工业遗产中蕴含的红色元素，以红色工业故事为切口讲好历史，传颂广大科技工作者、工人劳模的光辉事迹，传承好红色基因，赓续红色精神血脉，是科协组织义不容辞的责任。

百年征程波澜壮阔，百年初心历久弥坚。在加快建设科技强国、实现高水平科技自立自强的目标的引领下，新时代的科技工作者应该从党的百年光辉历程中汲取历史营养，汇聚奋进力量，始终听党话，永远跟党走，大力弘扬和践行以"爱国、创新、求实、奉献、协同、育人"为核心的科学家精神，以永不懈怠的精神状态和一往无前的奋斗姿态勇担建设科技强国的历史使命，推动新时代科技事业高质量发展，在建设社会主义现代化国家的新征程中做出更大贡献！

不忘激情燃烧的红色岁月，奋进波澜壮阔的强国之路，谨以此书系献礼中国共产党第二十次全国代表大会。

中国科协党组成员、书记处书记

"红色工业"丛书编辑委员会

主　任：申金升

副主任：石　楠　张柏春

成　员（按姓氏笔画排序）：

　　　　于海宏　史朋飞　冯立昇　毕海滨　刘　萱
　　　　刘向东　刘伯英　齐　放　李　洁　杨　玲
　　　　吴善超　陈　玲　陈东林　符晓静　潜　伟

主　编：申金升　潜　伟

副主编：毕海滨　刘向东

编写组（按姓氏笔画排序）：

　　　　王巧然　亢　宾　冯书静　孙正风　李小建
　　　　武月清　赵其红

目录
CONTENTS

001 / 第1章
哇！敖包山上有矿

019 / 第2章
日本偷矿记

029 / 第3章
开路人杨维

043 / 第4章
天苍苍　野茫茫　我为选址狂

053 / 第5章
草原边疆绘蓝图　从无到有建钢都

067 / 第6章
乌老与包钢的故事

077 / 第7章
最大的朋友圈——全国支援包钢

089 / 第8章
周总理来剪彩——我骄傲

101 / 第9章
攻克"老大难"

109 / 第10章
稀土之都——你不知道的那些事儿

125 / 第11章
中苏友谊炉

135 / 第12章
第一批民族钢铁工人

145 / 第13章
劈波斩浪初计划终完成

157 / 第14章
激浪扬帆兴钢魂

173 / 第15章
工业长子谱新篇　圆民族复兴梦

183 / 参考文献

红色工业

第 1 章
CHAPTER ONE

哇！敖包山上有矿

白云鄂博矿，是世界上罕见的铁、稀土、铌和其他稀有金属及放射性元素共生的大型综合性矿床。1927年中瑞西北科学考察团成员地质学者丁道衡发现该矿的主矿体，之后进行多次勘探考察，但中华人民共和国成立前贫困落后的内蒙古地区几乎没有现代工业，更是寸铁不产，无力开发宝贵的白云鄂博矿资源。中华人民共和国成立后国家决定把一个大型钢铁联合厂建在一半风沙一半草原的包头，该厂作为国家『一五』计划重点建设的钢铁项目，同时也是『156项工程』中苏联援建的两个大型联合钢铁厂项目之一。钢铁厂选址在包头的重要原因之一就是发现了储量巨大的白云鄂博矿，可以提供雄厚的原料资源。白云鄂博矿的发现为草原带来了机遇，繁荣了地区经济，也为边疆地区的经济发展和社会稳定做出了重要贡献。

白云鄂博，又名白云博格都，蒙语意为"富饶的神山"。鄂博与脑包、敖包同义，意为堆子，是指用石块堆积，用树枝或彩色经幡装饰而成。蒙古族牧民视"敖包"为神灵寄寓之所。按照传统风俗，山上一草一木都不许擅动。中华人民共和国成立后，敖包作为路牌和界标被保存下来，被誉为"草原上的灯塔""沙海里的航标"。就在敖包的脚下，裸露的铁矿石闪闪发光。白云鄂博丰富的矿产资源是建设包头钢铁-稀土联合企业的基本依据。白云鄂博矿位于包头市达尔罕茂明安联合旗（以下简称"达茂旗"）白云鄂博矿区境内，矿区占地面积为328.64平方千米，北距蒙古国106千米，东南距呼和浩特市212千米，南距包头市149千米，东距百灵庙（达茂旗政府所在地）45千米，白云鄂博地区是典型大陆性高

◎知识链接

白云鄂博矿区地处祖国北部边疆的草原上，这里没有村落，只有几个蒙古包，交通十分闭塞。这里地势较高，寒冷期长，一年刮7个月大风，冬季气温往往降到-45℃。遇到降雪天气，能见度极低，很难辨清方向。这里缺乏文化生活和福利设施，没有商店，没有新鲜的蔬菜，没有电影院，也没有澡堂，但却是天然猎场，假日里工人常出去打猎改善生活。偶遇天气突变，瞬时狂风卷起尘土遮天蔽日而来，黑云翻滚，小雪球般的砂子铺天盖地倾泻，有的同志因迷失方向而冻死牺牲……可想而知当时白云鄂博矿区的环境有多么恶劣，工人们的工作环境是多么艰苦！

原气候，具有寒冷、干燥、多风、温差变化大等特点，四周皆为达茂旗草原牧场。1927年丁道衡发现白云鄂博主矿并发表《绥远白云鄂博铁矿报告》，1946年黄春江发现白云鄂博东矿、西矿后，发表了《绥远百灵庙白云鄂博附近铁矿》调查报告。丁道衡和黄春江的重大发现和两份报告，为中华人民共和国成立后中央做出全面勘查白云鄂博矿床的重大决策提供了依据。1953年241地质勘探队又发现了白云鄂博矿的东介勒格勒矿体。

白云鄂博矿是含有铁、稀土、铌、氟、锰、钾、钠、磷、钍等元素共生的复合矿石，矿物组成复杂。根据白云鄂博矿的储量，初步意见是主矿体及东矿体均可用完全机械化露天开采，资源可满足300万吨以上钢铁厂基本设计的矿量要求。1957年2月27日，白云鄂博铁矿成立，全国各地的建设者聚集到一起，开始建设白云鄂博铁矿。

白云鄂博铁矿到底是怎样被发现的？其中有很多故事。1927年4月，中瑞西北科学考察团（以下简称"科考团"），赴绥远*、宁夏、甘肃、青海、新疆等地进行大规模的科学考察。科考团在内蒙古进行了涉及地理、气象、地质、考古、社会等方面的调查，历时半年，有3项重大发现。第一项是发现白云鄂博铁矿，第二项是在巴音善岱庙（汉名永觉寺）附近发现了恐龙化石，第三项是在额济纳河流域发现了

---

* 1954年绥远省被撤销，原辖区并入内蒙古自治区。

居延汉简。中方团长徐炳昶的《西游日记》中记载了科考团在内蒙古考察的基本路线：1927年5月9日从北京启程，乘平绥线（今京包线）火车路过绥远（今呼和浩特市）后抵达包头。他们在包头经过了一番准备工作后，组成驼队，从包头（今东河区）出发西行，经过井儿坪梁、二道沙河、大仙庙、毛鬼神窑子、公忽洞，由前口子宿营，进入大青山，沿着自古以来由边塞通往蒙古国的传统商道北上。20日考察团向百灵庙进发，过昆都仑召，经固阳到茂明安旗（在今达茂旗西北）在百灵庙附近的艾不盖河宿营，在营地周围地区及东面喀尔喀右旗的白灵庙地区进行了地质考察、地图测绘及考古调查和采集。为了工作方便，科考团分成三队行进。北队由那林任队长，队员由贝格满、马森伯、海德、丁道衡等人组成。他们向西行进，路经白云鄂博。丁道衡从参谋部的地图上查知此地似为"哈喇托落海"，其蒙语意为黑山头。他自述发现经过时，用简洁明了的

◎知识链接

北京大学研究所考古学会、清华大学研究院等12个学术团体联合组成中国学术团体协会。中瑞西北科学考察团是在中国学术团体协会的支持下，中国一些科学家与斯文·赫定（Sven Anders Hedin，1865—1952）等西方探险家、科学家联合组建的。由于斯文·赫定是瑞典人，故该团称为"中瑞西北科学考察团"。中方团长由北京大学西洋哲学史教授徐炳昶（字旭生）担任，团员为袁复礼（字希渊，研究地质、考古及画图）、黄文弼（字仲良，研究考古学）、丁道衡（字仲良，研究地质及古生物）、詹蕃勋（字省耕，研究地图学）、崔鹤峰（字皋九，气象学生）、马叶谦（字益占，气象学生）、李宪之（字达三，气象学生）、刘衍淮（字春舫，气象学生）、龚元忠（字狮醒，照相员）等9人。

△ 丁道衡

语句描述道："三日晨，著者（丁道衡自称）负袋趋往，甫至山麓，即见有铁矿矿砂沿沟处散布甚多，愈近，矿砂愈富，仰视山巅，巍然屹立，露出处，黑斑烂然，知为矿床所在。至山腰，则矿石层累迭出，愈上，矿质愈纯。登高俯瞰，则南半壁皆为矿区。"这些"宝藏"在蒙古族人垒起的敖包上，丁道衡尽量不去碰山头的敖包，最终比较顺利地完成了沿途的调查工作。根据丁道衡的初步发现，科考团总队派专攻地图学的中方团员詹蕃

△ 丁道衡（左一）在绥远省达尔罕旗（今包头市达茂旗）进行科学考察

勋到白云鄂博地区绘制了一份二万分之一的地形图，丁道衡又根据此图对该地区的地形、地质构造以及矿区生成、铁矿储量、矿石成分、地表水等项进行了初步调查。他认定这是一个储量丰富、远景广阔、极具开采价值的大型铁矿。同年7月中旬，丁道衡结束了对白云鄂博的地质工作，随科考团北队前往额济纳河会合，继续前往天山的行程。

丁道衡于1927年7月3日首次发现白云鄂博主矿，采集了一些岩矿标本，1933年在地质汇报上发表了《绥远白云鄂博铁矿报告》并指出：

矿质虽未分析……全矿皆为铁矿所成，据本人推测成分必在八九十分以上。……矿床因断层关系，大部露出于外，便于露天开采；且矿床甚厚，矿区集中，尤适于近代矿业之发展。唯距出煤之区如大青山煤田等处距离稍过远，运输方面不能不精密计划。然此非大困难之事，唯资本稍须增加耳。苟能由该地修一铁道连接包头

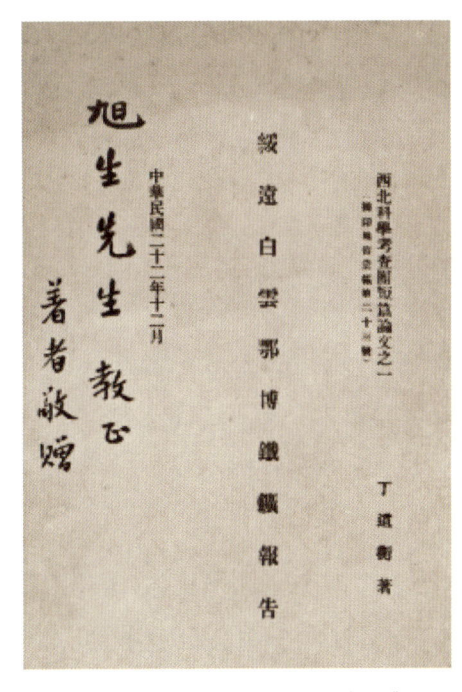

△ 丁道衡著《绥远白云鄂博铁矿报告》

等处，即可与平绥路衔接，则煤铁可积于一地，非特铁矿可开，大青山之煤田，亦可利用，实一举而两得其利。且包头为内地与西北各省交通之枢纽，四通八达，东行沿平绥铁路经察哈尔、山西直到北平，南下顺黄河河套可达陕西、河南等省，西行经宁夏、甘肃而到新疆，北上遂入外蒙（即蒙古国）而达俄境。运输甚便，出路甚多，苟能于包头附近建设一钢铁企业，则对于西北交通应有深切之关系，其重要又不仅在经济方面而已。

报告从发现经过、位置、交通、地形及构造、地层、矿产等多个方面论述了白云鄂博矿，估计铁矿储量3400万吨、萤石矿储量3万吨。提出以包头为交通枢纽，可在包头建设钢铁企业，在白云鄂博矿区和包头之间建设铁路，矿床适合近代矿业的发展，其重要性不仅仅体现在经济方面。徐炳昶称："丁仲良在茂明安旗内（今达茂旗西北）白云鄂博山所发现之巨大铁矿，或将成为中国北部之汉冶萍。"丁道衡的报告首次将白云鄂博矿公之于世，并在

◎知识链接

丁道衡（1899—1955），贵州织金人，字仲良，地质学家、古生物学家、高等教育工作者。1926年毕业于北京大学地质系，1927年随中瑞西北科学考察团赴内蒙古等地进行科学考察，1935年赴德留学，1938年归国。1939—1940年，他参加了川康考察团的工作。1940—1942年任武汉大学矿冶系教授，后担任贵州大学工学院院长兼地质系主任。中华人民共和国成立后担任高等院校及地方人民政府的很多重要工作。1952年任重庆大学地质系主任。1954年被选为第一届全国人大代表。著有《新疆矿产志略》《蒙疆探险生涯》《云南蒙自金平一带地质矿产》《绥远白云鄂博铁矿报告》等文。

中国社会引起了广泛重视。1929年1月23日,《大公报》第二版发布了这一消息,一时间,世界为之震惊,引起国内外地质矿业界的关注。为了纪念这位伟大的地质学家,1987年,白云鄂博铁矿举办"发现白云鄂博主矿体60周年庆典"活动,为发现者丁道衡在铁矿区街心塑像,供人景仰。2005年国际新矿物命名委员会同意将在白云鄂博发现的稀土元素命名为丁道衡矿Ce,以示对这位先驱的缅怀。丁道衡的伟大之处不光是发现白云鄂博矿,更重要的是他提出的修建包头到白云鄂博矿区的铁路,在包头建厂,以促进西北地区经济发展起来的设想最终都得以实现。

△ 丁道衡雕像

　　1934年,受丁道衡委托,何作霖接手白云鄂博岩矿标本的室内研究工作,发现两种稀土元素矿物中的镧、铈、钕等元素。1935年,何作霖的研究报告《绥远白云鄂博稀土类矿物的初步研究》(英文版)一文发表在《中国地质学会会志》十四卷第二期。报告称在白云鄂博发现了两种稀土矿物,命名为白云矿和鄂

△ 何作霖　　　　　　　　△ 何作霖在用显微镜进行矿物研究

博矿。20 年后，经中国科学院地质研究所和中苏合作地质队研究证实，白云矿和鄂博矿为氟碳铈矿和独居石。何作霖的报告首次向世界宣告在萤石型矿中发现两种稀土矿物。1958—1959 年，中苏白云鄂博地质合作队成立，何作霖任中方队长，开始对白云鄂博地质、矿床进行大规模研究。1958 年夏，他带队到野外现场进行地质调查研究工作，由于白云鄂博矿区海拔高，何作霖到矿区后不久心脏病就发作了。经治疗病情稍有好转后，他就立即投入工作。这次地质勘探工作确认了白云鄂博矿是世界上最大的稀土矿，还发现了铌、钽等矿物。何作霖最早发现白云鄂博稀土矿物，这在包钢乃至全国的稀土工业发展史上，都具有重要的历史意义。

1950年,中央人民政府地质工作计划指导委员会派遣以严坤元为队长的白云鄂博铁矿地质调查队(后改名为"241地质勘探队",以下简称"241地质队"),在解放军一个骑兵连、一个步兵排的护卫下,进抵白云鄂博对主矿开始普查。1950年秋,241地质队委托包头建筑单位在驻地建起了1栋平房和4间汽车库,这是白云鄂博地区历史上第一处固定居民住宅,241地质队全部从蒙古包搬进了平房。1950年10月1日,是中华人民共和国宣告成立后的第一个国庆佳节,同时,它又是241地质队来到草原后的第一个重大节日。241地质队把庆祝国庆和蒙汉人民联欢的日子选定在9月26日,以后几年每逢庆祝国庆佳节,都会举行蒙汉人民联欢活动。每逢241地质队来文工团和电影队,都同样邀请蒙胞共同联欢,增进友谊。241地质队在地质调查中,尊重蒙古族牧民的文化、生活习俗,爱护牧民的经济利益,勘探工作逐渐得到当地牧民的理解和支持,

◎知识链接

241地质队:1950年4月,北京地质调查所白云鄂博铁矿调查队正式成立,隶属于政务院财经委员会,负责人是严坤元。1952年中央人民政府设立地质部,同时白云鄂博铁矿地质调查队改称241地质勘探队,成为地质部的直属勘探队,为独立事业单位。同时,地质部任命吕奇峰为党委书记、队长;任命徐嘉楷、韩倍元和马克俭为副队长,严坤元为技术副队长。1955年,241地质勘探队改为地质部华北地质局下属的事业单位,队长由王士民担任,直至1956年4月撤队。1950年4月白云鄂博铁矿调查队成立时,仅有20人,到1954年全队职工达1200—1500人。钻机也由最初的2台增加到开动38台。职工住宅由1950年的1栋土木结构平房,到1953年盖起16栋平房(即今白云鄂博铁矿一号街坊)。

顺利开展。由于"敖包"具有特殊的意义，并且在牧民心目中地位特殊，241地质队在钻探主矿体前把敖包搬迁提高到落实党的民族政策、加强民族团结的高度来对待。敖包设置需具备两个条件：第一，地势较高，形势雄伟，附近水草丰美，便于"神灵"寄寓；第二，地下无赋存有用矿物的可能，不会遭到破坏。经过241地质队和当地党政机关的共同努力，将白云鄂博以东20多千米处的白云查干敖包确定为白云鄂博迁移新址。当地党政部门做了大量说服教育工作，获得了当地蒙古族居民和宗教界人士的同意，经过与地方党政机关和广大牧民协商，在乌兰夫亲自帮助下，举行了隆重的仪式，将"白云敖包"搬迁到查干山顶。

△ 第一勘探队（即241地质队）在白云鄂博敖包前合影

△ 白云鄂博矿区钻机群

为支持国家建设，淳朴的牧民献出世代供奉的神山，与来自全国各地的建设者一起，开发铁矿，建设包钢，书写出了民族团结进步、共同繁荣发展和无私奉献的精神。1953年7月，1号钻机在主矿体开钻，打下了白云鄂博矿区开发的第一钻，也开启了新中国工业化的序幕。1953年年末，241地质队提交了《绥远白云博格都区铁矿调查报告》，报告认为：白云鄂博是一座世界罕见的稀土产地，它将成为世界著名的稀土金属富源。中央人民政府政务院根据241地质队的报告，决定利用白云鄂博矿资源，在绥远省西部建设一个大型钢铁联合企业，作为我国第一个五年重点建设项目之一。1955年，严坤元调任安徽省地质局总工程师。1978年受到全国科学大会表彰，被誉为"揭开白云鄂博宝山秘密的技术带头人"。

1950—1955年，241地质队勘探工作历时6年，在对白云鄂博的勘探中总共完成钻孔145个，总进尺47020米，挖槽140条，总长16390米，探矿坑道653米，采样19500余个，分析数据以十几万计，在我国地质事业史上，创造了空前纪录。1980年冶金部授予241地质队"功勋地质队"称号。

1954年，包钢541地质勘探队成立，该队对白云鄂博矿工业区的稀土普查；对西矿、主矿、东矿下盘白云岩、东介勒格勒等进行地质普查，并提交相应的地质报告，为厂区建设及全面评价白云鄂博铁-稀土-铌综合矿床提供了重要地质依据。1957年5月，苏联提交了白云鄂博铁矿技术设计，设计规模为年产铁矿石1200万吨，矿山服务年限50年，构筑了白云鄂博铁矿建设的发展蓝图。

1957年7月，中国科学院技术科学部主任严济慈率中国科技代表团赴莫斯科，与苏联国家科学技术委员会负责人讨

◎知识链接

白云鄂博地质合作队：由中苏两国科学院于1958年6月共同组建而成，简称"中苏合作队"。中苏合作队中方队长为何作霖，苏方队长为索科洛夫。参加中苏合作队的中方队员有司幼东、姜中元、于津生、洪文兴、李绍柄、张培善、萧仲洋、欧阳自远、张本仁、张言、范嗣昆等。苏方队员有昂托耶夫、屠加林洛夫、亚历山大罗夫、谢苗诺夫、苏斯洛夫、捷明其耶娃等。

论了对白云鄂博铁-稀土矿的研究计划，签订了合作协议，1958年组建了白云鄂博地质合作队（以下简称"中苏合作队"），对白云鄂博矿进行了综合性研究，主要任务是调查研究白云鄂博矿地质、矿床物质组成以及矿区地质、构造、岩石、矿物、地球化学等问题。中苏合作队在对白云鄂博矿床地质研究活动中，张培善与苏方队员谢苗诺夫在白云鄂博矿床发现了黄河矿、钡铁钛石，洪文兴、于津生、李绍柄三人发现了包头矿。这三种矿物都属于在世界上首次被发现的新矿物。

1963年，国家科委为了保护资源，合理综合利用白云鄂博矿石，在北京召开了包头矿资源综合利用和稀土应用工作会议，对

△ 中苏地质合作队队员合影

白云鄂博矿区进一步综合利用的研究和评价进行了规划和分工，国家地质部从全国各地抽调了一批技术骨干和相关人员组建了105地质队（后为内蒙古自治区第五地质矿产勘查开发院）及105物质成分赋存状态研究会战组。任湘担任副队长兼总工程师。历时三年，完成了白云鄂博稀有元素的勘探工作，提交了一份高质量的《内蒙古白云鄂博铁矿稀土稀有元素综合评价报告》，并指出在白云鄂博主矿、东矿体中，已发现有71种元素，114种矿物，其中具有或可能具有综合利用价值的元素有铁、铌、稀土、钍、钛、磷、铀等26种。为国家评价出了一座世界罕见的特大型铌-稀土矿床。

为了开发建设这座宝山，国家领导人多次来此视察，指导决策，还集中了当时最优秀的地质工作者和最好的勘探设备对白云鄂博矿进行了地质勘探，一批又一批优秀的中华儿女从祖国各地来到这黄沙蔽日、狼群出没的荒原，用他们的汗水、青春和生命谱写了宝山的创业之歌。白云鄂博矿从成立到现在，采掘出的矿石源源不断运往包钢，为包钢乃至内蒙古工业的发展做出了巨大的贡献。白云鄂博矿区伴随矿产资源的开发利用

◎知识链接

任湘是任弼时的侄儿，1948年去苏联留学，是当时去苏联留学的人中唯一学地质专业的。1950年2月，毛泽东主席和周恩来总理在中国驻苏联大使馆接见了李鹏、邹家华、任湘等21名中国留学生。毛主席为任湘题词"开发矿业"，周总理的题词是"艰苦奋斗，努力学习"。

和国家重点项目的建设，逐步形成了一个以原材料工业为主的工业重镇，同时极大地促进了少数民族地区的经济建设，助力包头成为祖国西北地区重要的工业基地。

红色工业

第 2 章
CHAPTER TWO

日本偷矿记

白云鄂博矿区地处边疆，自1927年中瑞西北科学考察团的丁道衡发现这座矿山以来，它在国内外的影响日渐显现，中华人民共和国成立前还引来日本对铁矿资源的觊觎。日本对白云鄂博矿进行了多次掠夺性的勘探调查，并制订了详细的开发计划和方案。不仅三次编制白云鄂博铁矿『开发计划』和『紧急开发方案』，还把白云鄂博铁矿绘入其所谓的《东亚共荣圈铁矿分布图》，后因日本战败投降，此类掠夺计划才未得实施。

1937年后,日本帝国主义由日本商工省、兴亚院、南满洲铁道株式会社、(鞍山)昭和制钢所、东京帝国大学(现东京大学)、京城帝国大学(现首尔大学)和华北开发株式会社等部门先后组队赴白云鄂博进行地质调查以及路线勘探。日本兴亚院工程师石井清彦等人组成调查组,1939年8月24日从东京出发,8月30日抵达北京,途经张家口、呼和浩特、百灵庙、包头、固阳等地,1939年12月19日返回东京,最终由石井清彦完成了《蒙疆地区矿产资源调查报告》。在报告中除记载了丁道衡1927年发现的白云鄂博主矿之外,还记载发现了附属矿,并认为:"该矿是和龙烟

◎知识链接

　　蒙疆联合自治政府,是日本侵略者于1939—1945年在今内蒙古中部操纵成立的一个傀儡政权,伪首都设在张家口,下辖巴彦塔拉、察哈尔、锡林郭勒、乌兰察布、伊克昭等五个盟,察南、晋北两政厅,和厚和(抗日战争时期,日本侵略者将归绥市改为"厚和市"。抗日战争结束后复称归绥市,即现在的呼和浩特)、包头2个特别市;1939年增设张家口特别市,部分文献则称同时将厚和、包头降为盟辖市。1943年1月1日察南政厅改为宣化省,晋北政厅改为大同省。

　　蒙疆资源调查队,1940年(日本昭和十五年)1月16日,蒙疆调查联合委员会成立。该委员会的成员有:侵华驻"蒙疆"冈部部队(司令官为冈部直三郎中将)、兴亚院、伪蒙疆自治政府、南满洲铁道株式会社、华北开发株式会社、伪蒙疆银行和张家口铁路局等。1940年4月华北开发株式会社调查局张家口支局蒙疆资源调查队正式成立,共计39人。

铁矿*同性质的矿床，有必要再精确勘察一下龙烟和本矿床之间及本矿床东部一带，相信今后还能发现新矿体。……和龙烟主体矿床相比毫不逊色。"随后在1939—1944年6年间多次组队赴白云鄂博矿区进行地质调查以及线路勘查，先后由森田行雄和本间不二男制定了《白云鄂博铁矿床开发计划方案》和《乌兰察布盟白云博格都铁矿床紧急开发并调查方针》，企图掠夺这一宝贵资源。1940年日本成立了蒙疆资源调查队，其中一队由技师蔺部龙一负责地质矿床调查并管理全部事务，带领11人到达百灵庙。对白云鄂博矿调查后，蔺部龙一编写了《乌兰察布盟白云博格都铁矿床调查报告》，报告中详细记载了满铁中央试验对所含萤石铁矿的成分分析，结语称：本矿主要矿体露出地平面以上矿量大约有6000万吨……是可以露天开采的大矿床，然而在内地交通运输极不方便，急速开发是很困难的。蔺部龙一的调查结果发布后引起（鞍山）日本昭和制钢所的极大兴趣，1942年派出以采矿次长冈本为首的调查队对蒙疆资源进行调查。1943年又派出开发计划和线路布设两个班，采矿开发计划调查班由采矿部矿务课副参事安藤重治负责，线路布设调查班由铃木久助负责，由安藤重治负责此次活动。调查结束后安藤重治编写了《蒙疆乌兰察布盟白云博格都铁矿百灵庙铁山开发计划报告书》（简称"《报告

---

* 华北地区最早的近现代钢铁企业之一，创建于1919年3月29日，孕育了今天的首钢（前身为龙烟铁矿股份公司石景山炼厂）和宣钢（今属河北钢铁集团）。

书》"），分为绪言、位置及交通、区域内概况、地形及地质矿床、品位、矿量、采掘计划、输送计划、发电计划、配水计划、警备计划、职制及工人计划、附带设备、资财、开发工程、事业费预算、营业费预想和结言 18 个部分。《报告书》中对当时世界著名的铁矿山与白云鄂博铁矿山（矿石）品位进行了比较，并指出白云鄂博矿石的特征是硅酸成分的含量很少，含石灰成分，这对于炼铁来说是少见的优质矿石，比当时世界上很有声望的德、法及卢森堡的褐铁矿矿石的石灰成分还要高很多，更确定其矿石的价值之大。这是一份详尽的开发计划书，包括当时采用的主要机器设备、原料、运输、费用等都做了细致的规划，并对开采施工的进度表做了详细的计划，附有《白云鄂博铁山运矿线实地调查报告书》，说明了包头经固阳到白云鄂博或固阳经黑教堂至白云鄂博的施工计划。《报告书》的结语部分足以证明日本觊觎这座宝山，试图掠夺我国资源的实情，原文写道：

安藤重治编制的白云鄂博矿开采施工的进度表部分

白云鄂博矿山，虽然地处偏远地区，孤立在蒙古高原，但（矿石）*品位优良，容易开采，这一点其他矿是追随莫及的。铁矿石的产量虽不及海南岛石碌铁山，但在开采容易这一点上，石碌矿却不能相比。……这样的矿山尚未开发，

* 括号里内容为包钢档案编者注。

这是因为该矿山的优越性还未被世人知晓的缘故。所以，为迫使尽快解决钢铁问题，使日满当局（充分）认识（开发白云鄂博的重要性），以确定大东亚共荣圈，应立即指令其开发。

我社也为了铁矿石自给，采取对策，渗入蒙疆钢铁业开发是理所当然的。……该矿山在蒙疆炼铁业有重大任务，我社积极出马是有意识地渗入蒙疆炼铁业。……并要建起包头到白云鄂博的铁路，安奉线（丹东至沈阳铁路）铁路工程。……我社考虑，根据远大计划，排除万难，承担起（此矿）开采经营的责任。所幸，蒙疆政府全面支持我社渗入开采，这是决不可丢掉的好时机。希望切勿忘我社百年大计。……相信这样大的事业，国家（指日本）会有积极解决的决策，为确立国家国防，盼早日开发。

◎知识链接

黄春江（1916— ），台湾省高雄市人。20世纪40年代初期毕业于日本东北帝国大学地质系，获理学博士学位。在华北开发公司资源调查局任火成矿床室地质技术职员。1945年华北开发公司资源调查局被前中央地质调查所北平分所接收。黄春江留用任技士，从事室内研究。1948年回台湾，任台湾大学副教授、教授、系所主任，并历任美国哥伦比亚大学及新墨西哥大学客座教授，"国家科学委员会"研究教授，"中国地质学会"理事、监事、理事长，台湾金属矿业公司顾问。

1944年6—8月，毕业于日本东北帝国大学（现日本东北大学）地质系的黄春江，随日本伪华北开发公司组成的地质调查队来白云鄂博进行地质勘探，在白云鄂博进行了为期70天的调查，发现了东矿和西矿。调查结束后，黄春江将其采集到的白云鄂博矿体上盘的矿脉中氟石含量高的数块标本，送到日本京都帝国大学（现京都大学）田久保教授及东京帝国大学（现东京大学）黑田副教授处，根据这两位的分析得出氧化稀土元素（大部分为氧化铈）为2.8%～12%的结果。1946年，黄春江发表了《绥远百灵庙白云鄂博附近铁矿》（日本已经于1945年投降，此时黄春江为原中央地质调查所技士）。报告分为：绪言、位置及交通、地形及地质、矿床、矿质、矿量和结论七部分。黄春江在报告的结论中写道：

> 白云鄂博附近铁矿属于接触交代矿床，其规模为华北此种矿床之最大者。铁分在40%以上之矿石，估计为6000余万吨，其中60%以上之优良矿，约达1700万吨。铁矿石不但品质优良，且含有少量氟石，于制铁上可收事半功倍之效，且氟石中常包裹有元素矿物，该矿脉又可为铈、锒（镧）之矿石，特堪注意。本矿床露出良好，且矿区集中，特适于近代露天开采。又鄂博及东方两矿体，如欲确认其深部延长，必须加以钻探。西方矿体群，深部或有富矿潜在之可能，亦须施用磁力探矿，而随探矿之进展，矿量或可更为增大。

报告指出主矿储量约为5.4亿吨，东矿储量约为0.5亿吨，西矿储量未计，认为可建设矿山到包头的铁道，利用黄河水、大青山煤田，可以在包头附近建设规模较大的钢铁工业，开采矿床。黄春江等人还进行了当地的社会调查，写成《乌兰察布盟概况》（日文）报告，1950年由王宪文译成汉文。

1944年，日本还成立第三次蒙疆学术调查队稀土元素班，由队长、医学博士今村丰为首进行稀有元素矿物调查，京城帝国大学（现首尔大学）无机化学教室主任岩濑荣一编写《绥远省之稀土元素矿物及其产地》报告。

黄春江等人对白云鄂博矿的调查结束之后，日本华北开发株式会社调查局掌握白云鄂博矿的矿产资源后，矿山班森田行雄制定了《绥远白云鄂博矿床开发计划方案》，20世纪40年代后期，原中央地质调查所北平分所宋鸿年将其译成中文。方案分为序言、概况、开发计划、开发经费预算、矿石之矿山原价预算和结论六部分。序言中指出关于矿床地质及矿石矿物都是根据黄春江的报告，运输路线是根据华北交通路线调查队的结果，本方案论述的部分是以采矿、选矿问题为主。以黄春江的地质图为基准，自地平1525米计起铁分50%的矿量为3.7万吨，露天开采计划标准，1500米处为基地，铁分50%以上的矿量为2300万吨，按这个基准制订了详细的开发计划。

从已公布的日本调查报告和开发方案能够看出，日本不仅对矿产资源做了详细调查，还细致到了开发计划、资金方案、运输线路等细节。1945年日本战败，日本偷矿计划落空，但是当年日本企图掠夺资源的事实昭然若揭。

1959年电影《草原晨曲》就反映了日本对白云鄂博矿区丰富的地下宝藏垂涎欲滴，当地人民为了保护神山，对侵略者进行反抗，沉重打击了日本侵略者派出的地质勘探队这一真实情况。

红色工业

第 3 章
CHAPTER THREE

开路人杨维

1953—1962年，杨维作为包钢首任总经理，负责包钢的筹建工作，主持、参与了包钢选址、厂区规划、集结人员、培养人才、争取外援等大量工作，带领第一批员工进行大规模建设。在苏联冶金技术向中国转移期间，杨维作为共和国第一代工程师，在包钢创建初期做出了重大贡献。在工业基础落后的边疆建起一个大型钢铁联合企业，杨维有开创包头钢铁事业之功，他对国家的高度责任感、尊重科学及实事求是的工作态度，坚守执着、无私奉献的大国工匠精神，直到现在也是我们应该学习的榜样。正是因为有像杨维这样一大批创业领导者的无私奉献，中国的现代工业才能在短时间内快速建立。

中华人民共和国成立时，全国的粗钢产量只有15.8万吨。1949年，修复后的鞍钢正式开工，开启了新中国钢铁企业发展长河的源头。1957年全国钢产量达到535万吨，经历了钢铁工业的第一个发展黄金期。直到1957年"一五"计划完成时，中国的钢铁及钢材产量逐年上升，呈良好的发展态势，取得了可喜的成绩。

△ 杨维

◎知识链接

  杨维于1911年出生在吉林省双城县小山子屯村的一户殷实人家，其父王振铎是清朝末年的秀才。他6岁入家塾读书，因博闻强识，颇得父母喜爱和亲友们赞赏。1928年杨维考入中苏合办的哈尔滨特别区立工业大学预科。这是一所两国合办的学校，教员都是苏联人，杨维在这里主要学习俄文，接受科学教育。翌年考入北平大学俄文法学院预科，在这里他读了许多革命书籍，包括俄文版《列宁全集》的一部分。1932年加入中国共产党，与李一凡等人建立起中共俄文法学院支部，开始走上了革命的道路。1935年被国民党抓捕，遭酷刑逼供，敌人一无所获，他受尽折磨，患上了严重的皮肤病，直到1936年才被党组织营救出狱。1937年杨维又加入了抗日运动。1948年东北解放后，杨维转到工业部门，投身于国民经济恢复和建设事业上，在东北人民政府财经委员会工作。无论是在隐蔽战线、抗日战争，还是中华人民共和国成立后，杨维都身担重任，为国家的事业辛苦奔波，贡献着自己的一份力量。

1958—1960 年，急速生产钢铁的美好愿望超出实际能力，为中国钢铁行业带来沉痛的教训，1961—1962 年经历了钢铁行业最困难的时期，之后钢铁行业走上恢复发展的轨迹。

杨维就是在这样的背景下，作为中华人民共和国成立后第一代冶金工程师，担任工业部钢铁工业管理局副局长，成为负责包头钢铁基地筹备工作的首任总经理。1953 年，他带领全体职工白手起家开始筹备建厂，历经近十年的艰苦创业，一座草原钢城终于建成。不论是对包钢，还是对少数民族地区，或是对中国钢铁工业的发展，都起到了重大的作用。

1948 年 11 月杨维被任命为本溪煤铁公司总经理及中共本溪市委常委，领导职工在战争废墟上建设人民钢铁企业。这一时期，他学习工业管理、冶炼技术，从大学有关基础课到冶金、机械等学科，不仅每天只睡四五个小时，还要组织干部及技术人员参加夜校学习，钻研技术。在苏联专家协助下，本溪快速恢复了高炉、平炉、铁矿等生产，重建人民的煤铁基地，培养出一大批懂技术、会管理的领导骨干。工程师靳树梁曾是国民政府委任的公司总经理，但杨维认真执行中国共产党的知识分子政策，对工程技术人员一视同仁，听取他们的意见，发挥他们的智慧，他推荐靳树梁担任本溪的工程师，本溪很快流出中华人民共和国成立后由中国人炼出的第一炉铁水。这些都反映出杨维重视技术人才，培养技术人才的领导才能。

◎ **知识链接**

靳树梁，出生于1899年4月1日，冶金学家、炼铁专家、冶金教育家，中国科学院学部委员（1993年改称院士）。20世纪40年代，他积极开拓小型高炉技术，并取得突出成绩，使威远铁厂的炼铁技术经济指标居当时中国同类型高炉之冠。长年从事高炉强化理论研究，开拓了承德钢铁公司钒钛磁铁矿高炉冶炼新工艺。在办学中，他倡导理论与实践相结合、厂校结合，领导东北工学院（现东北大学）建立了教学、科研、生产三结合体制；主编了第一本结合中国实际的《现代炼铁学》。1949年4月，靳树梁被调任本溪煤铁公司总工程师兼计划处副处长。他发动群众，集思广益，克服重重困难，完成了本溪一铁厂2号高炉的修复工程。接着他提出了《本溪煤铁公司三年计划的意见》，建议修复采矿、选矿、采煤、炼焦、炼铁系统，新建炼钢、轧钢系统，将煤铁公司建成钢铁联合企业。这一建议对本溪煤铁公司的发展起到了重要作用。1950年，靳树梁调任东北工学院院长，一级教授，并亲自担任建校委员会主任。经过十多年的努力，把东北工学院建成了一座规模宏大的冶金大学。

1951年，东北工业部从冶金、煤炭、机械等行业的领导与技术干部中选出了100多人去苏联实习。杨维负责带领钢铁组25人从莫斯科到乌克兰第聂伯捷尔任斯基钢铁厂实习。他先后担任炉前工、班长、炉长、技师、车间主任、厂长、总工程师及经理，掌握了冶金技术，积累了丰富的经验，此时他已成为一名专业的冶金工程师。1953年春，杨维回国，任重工业部钢铁工业管理局副局长，负责筹建五四钢铁公司。

杨维早期俄文学习及工业大学的背景，再加上他吃苦耐劳的性格，使其有了从事冶炼行业的基础；在本溪煤铁公司期间，他开始拼命学习冶金工业的基础课和专业知识，积累管理钢铁企业的实践经验，为建设包钢奠定了扎实的基础；在苏联钢铁厂各岗位近两年的实习经历，使得他成为中华人民共和国成立后管理钢铁工业鲜有的内行、筹建包钢技术和管理的最佳人选。杨维担任包钢首任总经理后，能够在引进苏联冶金技术的过程中直接与苏联专家交谈，学习苏联先进的生产经验，为后期开展包钢的建设工作打下了基础，成为第一代冶金工业的领头人。

1953年4月23日，中央人民政府重工业部钢铁工业管理局在北京成立包头筹备组，杨维作为该局副局长负责筹备工作，具体事务由石景山钢铁厂设计处承办。杨维派人到包头成立办事处，地点设在今东河区和平路155号。主要任务是集结人员，选择厂址，为包钢设计收集提供有关资料。后经重工业部钢铁工业管理局批准，包头筹备组改名为"中央人民政府重工业部钢铁工业管理局五四钢铁公司筹备处"，包头办事处改名为"五四钢铁公司筹备处包头办事处"。

包钢筹备组在杨维的领导下，1953—1957年，进入了建设筹备工作阶段，这期间主抓生产技术准备和干部、技术工人的培养两个环节。一方面，杨维亲自带队进行选址，组织地质勘探和科学工作试验，搜集和整理设计资料，委托和审查设计，搜集设备资料，进行设备订购、生产准备工作等，还进行了各项生产技术物资、技术资料等准备工作。另一方面，开始大量集结人才，杨维选派了357人去鞍山钢铁集团有限公司、北满钢厂、石景山钢铁厂、太原钢铁集团有限公司、本溪钢铁（集团）有限责任公司学习。开办技术工人学校，培养高级技术工人，派送了部分人员去国外实习，在包钢筹建期间，一批满怀理想的干部、工人、农民、复转军人、知识分子等从各地云集包头，成为包钢最早的创业者。

杨维主持了包钢的厂区选址工作，第一次粗勘后，杨维亲自出马进行了第二次选址工作。1954年7月，他又与苏联列宁格勒设计院包钢设计组总工程师安德列耶夫和其他5人，组成第三次厂址选择小组，确定乱水泉（今万水泉）、宋家壕、乌梁素海为预

△ 杨维（右）第三次在宋家壕考察厂址

△ 杨维与苏联专家在工地讨论选址

选厂址。这一时期,他因在监狱中所染的严重皮肤病(因不能经常清洗而恶化),大面积皮肤变色结成硬痂,无法坐下,只能站着工作,再加上胃病严重,最终病倒。但他仍硬撑着坚持工作,在进京汇报工作时才顺便检查了身体,查出患有严重的脾-肝综合征。医生要求他马上手术治疗,但他坚持忙过这阵子再说。于是杨维又投入紧张繁忙的筹建工作中,最后选定宋家壕作为包钢厂址。包钢厂址在冶金史上一直被认为是我国大型企业厂址中建厂条件最优越的。

1954年3月,杨维向重工业部钢铁工业管理局报送了《关于改"五四钢铁公司筹备处"为"包头钢铁公司"的请示》,获得批准。5月1日，五四钢铁公司筹备处正式改名为包头钢铁公司。1956年6月20日，杨维被正式任命为包钢总经理（实际从1953年就开始负责工作）。

在杨维的带领下，短短三年时间，包钢的筹备工作基本完成，生产附属企业基地、一定数量的职工住宅建设均已完成。1957年7月25日，是包钢历史上具有里程碑意义的一天，包钢建厂开工典礼在昆都仑河西岸机械总厂铆焊车间举行。杨维在基地上挖开了第一锹土，3万多名建设大军云集昆都仑河畔、白云鄂博矿区等地，包钢从此进入大规模施工阶段，正式开始了生产厂矿的建筑安装工程。

杨维对当时包钢的建设任务与存在的问题有着清醒的认识：包钢当前的建设任务是重大的，而国家的投资是有限的，尽量设法少花钱，把建设任务在保证质量的前提下按计划完成；包钢遇到的问题是有些技术设计、施工图纸要修改，设计院现有的专业力量又不足；原材料不够，而需求紧迫；设备订购与建设进度要求也有些不相适应；职工中绝大多数人是外来的，而目前福利设施的建设却赶不上需要；协作部门的工作步骤也需要进一步统一。杨维在开工典礼大会上的开幕词，两次强调要在保证工程质量的前提下尽量节约，按期或提前超额完成任务。他一直坚持按科学态度办事，实行工作责任制，保证了基建工程紧张有序地进行。

1958年，包钢大规模建设遇到国内设备和物资供应吃紧问题。

杨维多次派人分赴有关部委、省市、重点订货单位请求支援，但紧张局面未能因此有所减缓，问题愈发严重。包钢不少工程由于缺设备、缺材料，不得不放慢了施工进度或被迫停工待产。为此，杨维向内蒙古自治区政府主席乌兰夫汇报。1958年，在乌兰夫的帮助下，党中央各部门协调解决包钢的问题。周恩来总理按照毛泽东主席"要想办法为包钢解决问题"的指示，专门召见了包钢总经理杨维，详细询问了包钢的困难。全国各地掀起了支援包钢建设的高潮，大大加快了包钢的建设进度。

1959年9月25日，包钢1号高炉点火，杨维随即宣布："一切准备就绪，高炉开始点火！"9月26日，包钢1号大高炉胜利出铁。10月15日，周总理亲临包钢为1号高炉出铁剪彩。出铁典礼结束后杨维向周总理汇报了包钢建设现状和远景发展规划。《内蒙古日报》社论指出："1号高炉出铁，标志着以包钢为中心的包头工业基地建设进入一个新的阶段，即建设和生产并进的阶段。是内蒙古自治区工业发展史上的一个里程碑。"这一功勋与杨维担任总经理期间，包钢筹备组所有领导及职工的艰辛努力是分不开的，这也是杨维最幸福的时刻。

这一时期，国家路线、方针符合实际，是钢铁行业正常健康发展的前提。在苏联援建包钢的建设中，杨维作为一个懂技术的管理钢铁工业的内行，在正确的政策领导下发挥着专家的作用，他参照苏联的管理经验，建立起一套经营管理制度。不仅如此，杨维还很重视技术骨干的培养，多次选送干部和技术工人到鞍钢、北京钢铁学院、东北工学院（现东北大学）等地培训学习，实践锻炼；在实际工作中，学习苏联专家，但不迷信苏联专家，这些行为不仅为包钢后期的生产建设培养了一大批工程师和技术工人，也奠定了钢铁技术自力更生的基础。

1957年下半年到1960年，包钢建成了原料基地和非标准设备加工基地，从黄河水源工程到炼铁、焦化、洗煤、厂区运输等工程全面展开，中华人民共和国成立十周年时顺利出铁，包钢进入边生产边建设的阶段。但与此同时，一系列政策出台后，在当时这些看到的成绩——提前建厂、提前出铁……为后续的技术发展付出了代价。

在大炼钢铁运动中，大包钢建起了"中包钢""小包钢"。杨维反对"高指标"，反对"浮夸风"和"共产风"，认为搞"小包钢"卡住了大包钢的运输咽喉，认为搞"中包钢"分散了包钢人力、物力；遍地开花的小高炉，炼不出合格铁，劳民伤财。包钢的杨维、刘力子等负责同志认为对于企业生产技术装备的技术来说，修改苏联设计应采取慎重的态度，对设计中的主要项目，如果没有充分的科学依据就不要修改。尚无把握者，不宜勉强自制，以免影响大型企业的建设进度和降低设备的质量。一些设备可以试制，试制成功后保证了质量，再用自己的产品。1958年3月，杨维的脾-肝综合征情况恶化进行手术，切除的脾脏重达十斤，按照他的病情需要休养两年，可当年年底，杨维就带病回包钢听取了这次修改设计的汇报，并在调查研究后，颁发了各生产厂矿部分恢复原设计的一系列决定。

1959年7月，杨维在代表包钢领导答复中共中央工业交通部部长李雪峰的信中，把盲目修改包钢设计作为执行总路线存在的主要问题向上级反映。可在当时谁提反对意见谁就要被扣上"右倾"的帽子，因此杨维主观上反对修改原设计被认定是一种"右倾"行为，他也被撤销一切职务、被划为"右倾机会主义分子"。从1957年下半年开始的一系列运动，不仅使杨维等领导和技术骨干发挥才能受到限制，科学的建议受到不同程度的错误批判，也使得包钢建设违背钢铁工业生产建设的客观规律，最终遭受巨大损失，留下的后遗症多年以后才得以解决。

后来，国家根据"调整、巩固、充实、提高"的八字方针，重新提出符合社会发展需要的实事求是的路线后，钢铁行业才恢复正常发展秩序。1962年，杨维获得甄别平反，恢复名誉和一切职务，后调任冶金工业部科学技术办公室主任、中国金属学会副理事长，继续为苏联撤走专家后的各项事务操劳。1964年2月2日，杨维病逝于北京。这位平凡却伟大的工程师默默坚守着自己的岗位，用他的专注和辛劳的汗水建造了当时中国的第一座大高炉。

包钢对新中国钢铁事业的发展功不可没，包钢的建设离不开首任总经理杨维的巨大贡献，他为我国少数民族地区第一家钢铁企业培养了大量的冶金工业技术骨干人才。随着生产建设的发展，包钢逐步形成了完整的冶金教育体系，在我国现代冶金史上留下了不朽的篇章，见证了中华人民共和国成立初期中国工程师建设国家的决心。从外行到内行，从业余到专业，他作为中华人民共和国第一代冶金工程师兼技术专家型的领导，在包钢的早期建设过程中起着至关重要的作用。杨维敢于制止不合时宜的做法，还写信反映给中央，是需要勇气的，他遵循科学原则的做法是值得提倡的。作为奋斗在钢铁工业第一线的工程师和领导者，凡事亲力亲为，在钢铁技术领域实施过程中精益求精，不迷信苏联专家、不浮夸，带病坚守岗位，踏实地做好身边的每一件事，他这种坚定、执着、尊重科学的伟大精神，是值得宣扬的。正是因为有这样一批具有大国工匠精神的工程师，中国的现代工业才能在短时间内快速建立。2012年，包钢以企业开拓者和劳模的名字命名道路，其中一条是杨维路，以纪念包钢首任总经理的开拓事业之功。

红色工业

第 4 章
CHAPTER FOUR

天苍苍　野茫茫
我为选址狂

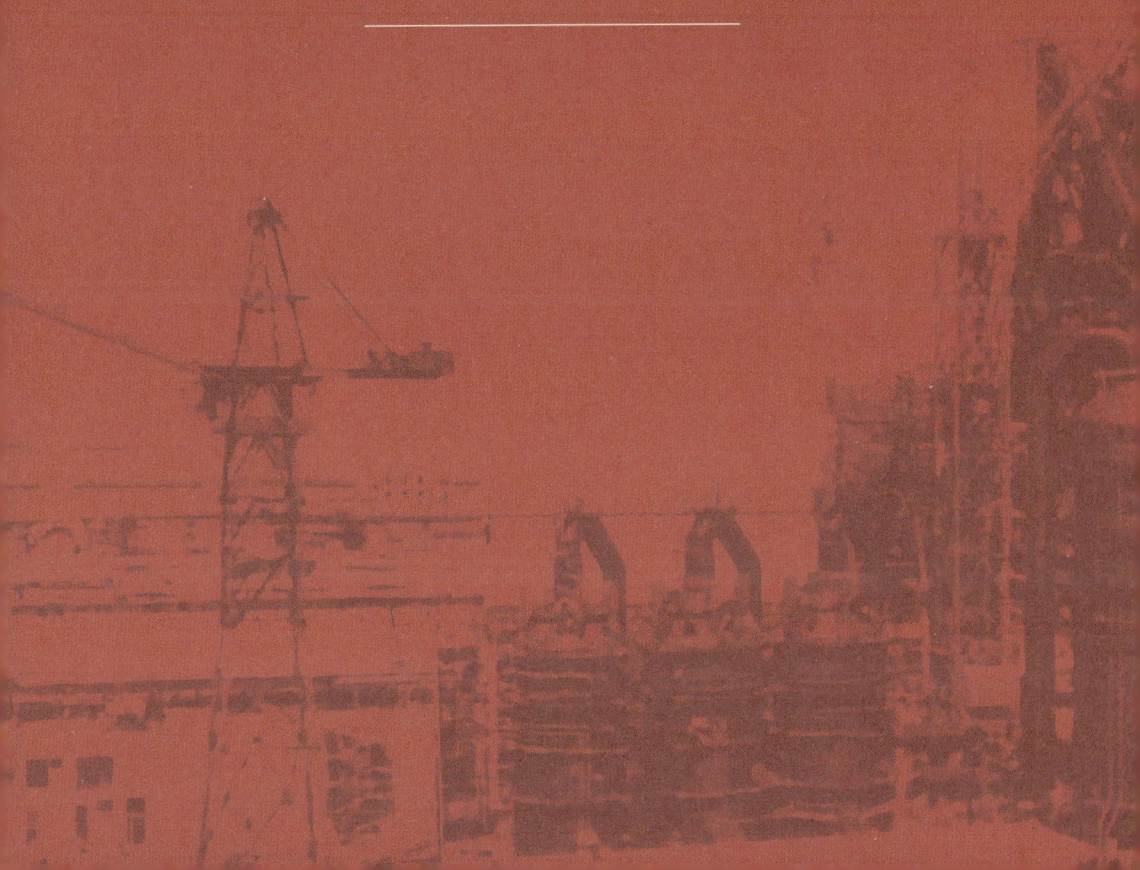

包头是历史上有名的塞外皮毛集散地，中华人民共和国成立初期，几乎没有现代工业，但其地理位置得天独厚，地处内蒙古西部河套平原和土默川平原接壤处，北靠阴山山脉的乌拉山和大青山，南临黄河，矿藏和水资源丰富，京包、包兰铁路的交会处。这也是为什么包钢最终会选址在这里。但当时把厂址定在这里却不是一件易事。

"天苍苍，野茫茫"，我们通常想到的下一句是"风吹草低见牛羊"，然而这里是一片荒芜。在风沙弥漫、遮天蔽日的环境下，一批又一批创业者为选择钢铁厂厂址踏遍大青山，战风雪，斗酷暑，一次又一次为选址狂奔在路上，以钢铁般的坚强意志为建设包钢奉献了青春年华，这座草原钢城才横空出世，傲立边陲，守望北疆。

党中央在包头地区建立钢铁基地的决定是正确的，包头地区资源丰富，按地质部已勘探完毕的白云鄂博矿山的总储量约可以供给 600 万吨的钢铁厂使用 50 年；包头市东部 30 千米处石拐沟到萨拉齐的煤矿，是可用于冶金的炼焦煤；包头向西 400 多千米的平罗等一带冶金的炼焦煤储量也很大；包头北部营盘湾一带

◎**知识链接**

根据当时国家规划，包钢厂址要求具备下述技术经济条件：

1. 在原料基地的地区内，矿石及焦煤的储藏量应够 25~30 年之用。
2. 要靠近每昼夜能够供应 50 万立方米用水量的水源地。
3. 交通运输要方便，以缩短原料、材料、燃料与产品的供销路程。
4. 要靠近城市，便于利用城市公共卫生、电气等设施；同时，考虑到铁矿石中含有萤石（氟化钙），工厂与住宅区宜有适当距离，以便居民尽量不受有害气体污染；居民区的建设应适合职工日益增长的物质与文化生活的需要。
5. 靠近地区电网，以便于专用电和地区电网的连接及相互调剂。
6. 地势平坦，回填土不能超过 3 万立方米，要适合液体钢铁运输铁路坡度不超过 5‰ 的规定；土壤负荷量在每平方厘米 2.4 千克以上；地下水距地表 6 米以上。
7. 供给生产与生活用水容易，便于排放污水，易于建设供排水管道，并且不能让废水积储于厂区，造成土壤性能被破坏以及影响厂区环境卫生。
8. 便于同其他企业协作，可以共用工业水源，钢厂剩余煤气能供他用。
9. 建筑面积约需 300 公顷，并应有多余的土地面积保证工厂最大的发展用地。
10. 历史上没有发生过破坏性地震。

有可以做燃料的煤矿；包头地区还有做冶金熔剂的石灰石、白云石和可作耐火材料用的矽石，硬质耐火黏土等非金属矿山。黄河水，经沉淀泥沙的试验证明可作生产用水，可供大规模钢铁联合企业使用。包头地区地势平坦，在交通方面，当时是京包铁路的终点站，包兰、包白铁路修通后，交通便利，是与西北地区衔接的腹地，很适合作为新工业基地。

1953年4月，重工业部钢铁工业管理局在筹备建设包头钢铁基地之初，首先是选择理想的建厂地址。筹备组派出由石景山钢铁设计处副处长弓彤轩带领10名同志首次赴包头开展选址工作，有采矿科长赵书润，炼铁技术工刘敬尧，水文技术工田旦华，建筑技术工顾鉴冰，矿山技术人员阎新权，焦化技术人员杨东利、石文彬等人。这一次的主要任务是勘查厂址和调查资料。1953年7月8日，第一个厂址勘选工程在万水泉村打响，因风沙弥漫、条件艰苦，又缺少交通工具，身背沉重仪器的测量队不辞辛劳，脚踏荒原，披星戴月，足迹东至呼和浩特，西至乌梁素海，南起黄河两岸，北至大青山内外的原野。为了精确勘查厂址，先行的测量队开着一辆小车，在约5000平方千米的范围内，将主要通道、居民点、乡村政府所在地以及可供识别方向的主要地形特征绘制成详图，提供给选厂组领导和技术人员。在勘查中，只能在有海的地方附近架起几顶帐篷，遇到下雨天，帐篷漏雨，衣服被子全是湿的。帐篷里夏季潮湿闷热，冬季寒气逼人。在这样的艰苦条件下，这些勤劳、质朴的队员们不畏艰辛完成了任务。

第一次厂址考察工作组共踏勘了 6 处厂址，分别是：前口子、赵家店一带，刘宝窑子一带，瞪口区（今东兴），萨拉齐县城（今土默特右旗旗府所在地）北郊，归绥市（今呼和浩特市，下同）北郊豪沁营至陶思浩一带，归绥市东郊白塔车站附近。工作组在归绥踏勘厂址期间，绥远省人民政府主席乌兰夫十分关心，当他们汇报了上述几处厂址均不够理想时，乌兰夫提议可到百灵庙附近踏勘。弓彤轩、赵书润等人立即驱车北上达尔罕旗，经实地考察，该处水源不足，无建厂条件。1953 年 5 月 9 日，首次踏勘厂址工作结束。

第二次厂址考察工作组由重工业部钢铁工业管理局局长刘彬、副局长袁宝华、杨维等 6 人和包头市副市长刘耀宗、包头筹备组包头办事处负责人郑晋诗等 5 人组成，先后踏勘了 4 处厂址：鸡坪（今井坪）、乱水泉（今万水泉）、古城湾、瞪口厂址。前后两次厂址踏勘，除了乱水泉条件较好外，其余均不够理想，予以放弃。根据苏联专家意见，决定在更大地区范围内继续进行考察。

1953 年 7 月，第三次厂址考察工作组由重工业部钢铁管理局副局长杨维、苏联列宁格勒设计院包钢设计组总工程师安德列也夫负责，共 7 人组成。其踏勘了 5 个地区：乌梁素海、乌拉山南麓、公庙子、哈业胡同、宋家壕。

△ 杨维（中）与苏联专家别良契可夫考察厂址

△ 中方技术人员与苏联专家考察厂址

1953年8月，五四钢铁公司筹备处选择厂址小组全体成员，对15个踏勘厂址进行了各种技术经济条件的对比、分析、研究，确定了将乌梁素海、乱水泉、宋家壕3个踏勘区作为待选厂址，并分别对宋家壕、乌梁素海区进行1/2500比例尺的地形测量，对乱水泉区进行1/5000比例尺的地形测量。宋家壕厂址，位于包头县（今昆都仑区）境内乌拉山南麓黄河以北台地上，距包头市约30千米，北起包宁公路，南至营盘梁，东沿昆都仑河，西靠宋家壕洼地，厂区长5千米，宽2千米，面积10平方千米。地形比较平坦，水源可利用昭君坟渡口的黄河水，岸北有西海子，为天然贮水库，距厂区18千米。厂区最高处与黄河水面的高低差约65米。厂区东北方向的昆都仑河也可以开辟为第二水源。交通运输方面，当时仅可通行汽车、马车，拟建的包兰铁路

◎知识链接

　　宋家壕厂址具有以下优越条件：第一，钢铁厂大建筑物基础深，技术复杂，要求严格，该厂址地下水位较低（平均在6米以下），可减少基础工程的防水设施，并有利于降低建筑成本。同时，该厂址工程地质条件较优于其他厂址。第二，钢铁厂循环用水每昼夜需52万立方米左右，水的供给主要依靠黄河水源。而包头地区黄河河床经常变动，只有昆都仑河口以西的昭君坟渡口一段河床比较固定，已有几十年未曾改道，适宜作为水源地。宋家壕厂址距昭君坟渡口仅15千米，并靠近昆都仑河，供水及排污水均较便利。第三，从白云鄂博到包头的铁路线取道宋家壕厂址西边通过，是该线距离最短的线路。因此，在矿石运输上，宋家壕厂址也是较近的。第四，宋家壕厂址宽广（18平方千米），往北往西都有发展余地，不像其他厂址受到城市或地形的限制。

干线经其南缘。该地距包头火车站（今包头东站）30千米，距白云鄂博矿区133千米。

1954年4月8日，中共中央华北局副书记、华北局包头工业基地建设委员会副主任刘秀峰，中共中央华北局蒙绥分局副书记、包头工业基地建设委员会副主任苏谦益，国家计划委员会设计局副局长田大聪，重工业部钢铁工业管理局副局长杨维，国家建设委员会城市规划局规划处长蓝田，内蒙古自治区人民政府工业部部长权星垣，中共包头市委副书记高锦明，包头市副市长李质，以及国家计委、中共中央华北局蒙绥分局、中共包头市委、重工业部、建筑工业部、水利部、铁道部、燃料部、五四钢铁公司等单位有关人员，会同苏联专家、苏联包头设计组组长别良契可夫、总工程师安德列也夫等25人再次对3处待选厂址进行考察。考察期间，苏联政府派往我国检查援华重点工程工作组在重工业部副部长夏耘的陪同下，也到包头考察宋家壕厂址，参与选择厂址的中苏双方人员对几处待选厂址进行了经济技术条件的对比研究，初步确定了宋家壕厂址。之后别良契可夫正式提交了《包头钢铁公司厂址选择建议书》（简称"《建议书》"），认为宋家壕厂址对钢铁公司的远景发展有着广泛的可能性。钢铁公司工作人员住宅区建在昆都仑河东岸，对新城市发展远景提供了很大的可能。最后，别良契可夫在《建议书》中明确、肯定地提出："建议在宋家壕厂址上建设钢铁公司。"1954年6月5日获得中央批复，批准包钢在宋家壕建厂。

包钢的选址多么艰难，上至国家领导、各部委，下至包钢职工，外有苏联专家的援助，如此慎重择出的厂址，无论在当时还是现在，包钢厂址都被评为最优厂址。

红色工业

第 5 章
CHAPTER FIVE

草原边疆绘蓝图
从无到有建钢都

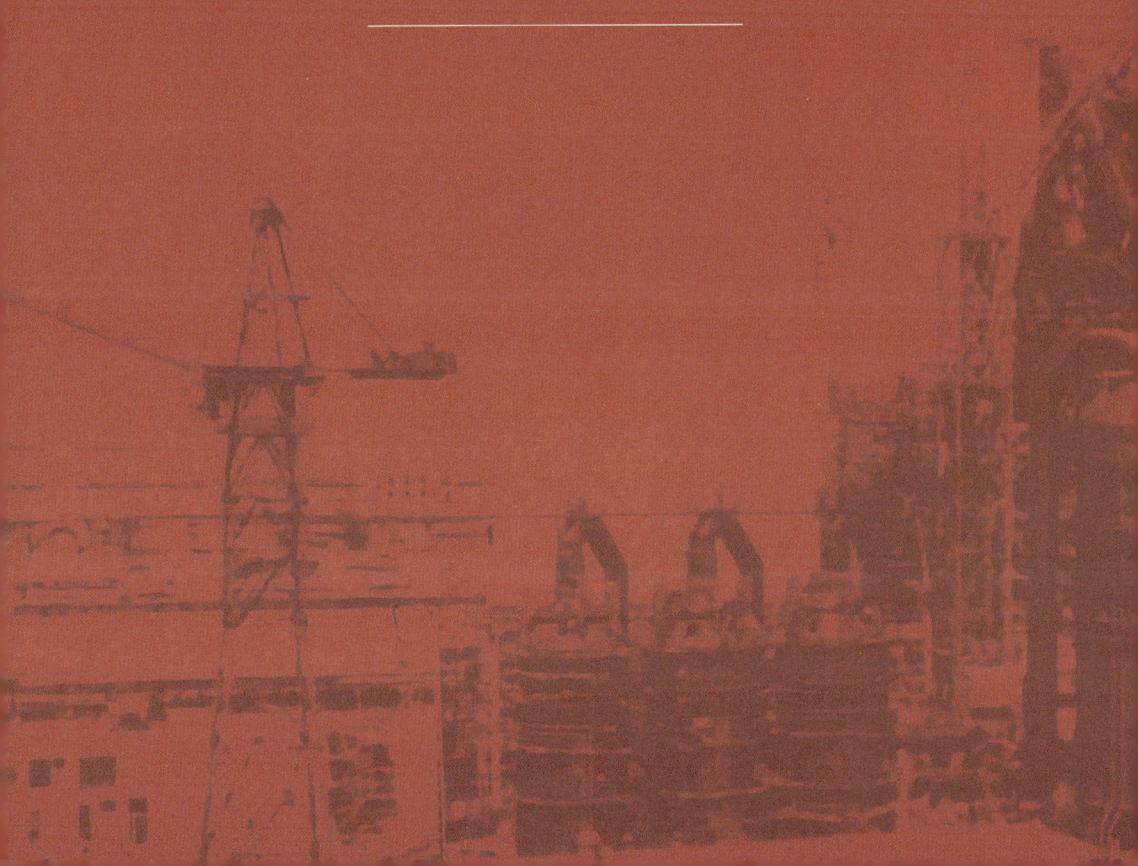

包钢建设在草原上，一批满怀理想的创业者从祖国四面八方会聚到包钢，他们用自己的双手，绘出最美丽的画卷。当时国家号召到边疆去、到矿山去、到祖国需要的地方去、到最艰苦的地方去，支援国家基本建设。参加包钢建设的同志是来自全国各地支援的优秀精英、工人，但他们却没有钢铁公司建设的经验，仅凭着一腔热血，付出艰辛的劳动和汗水，从实际出发，在干中学，在学中干，边干边学，来建设这项艰巨的事业。包钢建设者的艰苦创业精神，体现了党和人民的优良传统。

当年呈现在建设者面前是怎样的包头呢？包头的景象保留着清朝同治年间修筑的土城墙，市区面积不过 5 平方千米，街道狭窄，房屋低矮陈旧，到处是乱石堆、臭水坑。全市只有 7 座小工厂，63 棵行道树，17 盏暗淡无光的路灯。荒无人烟的沙滩上，长满沙蓬和芨芨草，还有风沙、野狼和黄羊，唯一看到的希望是一杆杆测量标桩。第一辆建厂的施工车开到了这里，工人们就地挖坑，架起锅灶，支起两顶帐篷，就开始了建设包钢的工作。包头的气候条件特别恶劣，冬天气温低到 $-30 \sim -40 ℃$ 是常事，寒风刺骨；夏天气温超过 30 ℃，酷热难耐。狂风袭来，被子上蒙一层沙，吃饭时，时常是碗里的米饭和沙子混在一起，但为了填饱肚子，人们只能用水泡一下继续吃。就是在这样的艰苦条件下，包钢人把昔日的荒漠变成了繁荣宏伟的草原钢城，呈现出钢花飞溅、铁水奔

◎**知识链接**

　　当时，包头所在地被称为"口外"，19 世纪后期至 20 世纪初，包头已发展成中国西北著名的皮毛集散地和水旱码头，但其工业基础特别薄弱。北京和包头之间有一趟火车，单程 27 个小时（现在最快的动车仅需 3 个多小时），包头城市很小，人口不到 10 万，街道多数是坑洼不平、狭窄的土路，简陋的平房，没有公共汽车，只有一种小毛驴拉着的两个木头轮子的小车。多数地方没有自来水，用水井吃水，用电是定时供应，每晚 8—12 点给电，其他时间用蜡烛或煤油灯。

流的壮观景象。

　　厂址确定在宋家壕后，首先需要在厂区进行填平土方、修路及建职工宿舍；然后在宋家壕及白云鄂博矿区两地分别进行基本的附属工厂的建设，包括机修厂、电修厂、铸造场、锻造场、金属结构场、木材加工厂、水泥制件厂、机械化站等；还需完成许多重大的准备工作，如修筑铁路、公路，架设起送电及电信线路，供给技术设计所必要的资料，做好勘测工作，解决基本建设期间的用水问题，完成附属工厂的技术设计和施工图，设备订购和安装工作，以及调集培训干部和技术力量，组织庞大的施工队伍。最后才能正式开始建设矿山、烧结、焦化、炼铁、炼钢等主要工厂，一场"平地起家"的"战役"就这样打响了。

△ 建设前景象

△ 建设者的"家"

  1953年11月12日，包钢勘查队在昆都仑河西岸插下第一面测旗，开始包钢厂区的地形测量和地质勘探工作。那时全队连一台普通的收音机都没有，根本收不到北京标准时间，为了精确测定厂区的北方位角，夜测北极星，勘查队只好跑到包头车站对表，最终确定了包钢厂区正北方位的第一个三角点。队员们克服重重困难，提前40多天完成勘查任务，加速了包钢的初步设计的进度。

  下一步还需进行厂区水文地质勘查工作，当时正是国民经济大规模建设时期，水文地质方面的技术力量薄弱，重工业部也无人可派，包钢人自力更生承担了勘查任务，1955年包钢请来了驻武钢的

△ 勘查队为提供准确的地形图，翻山越岭，早出晚归

苏联水文地质专家进行了现场检查和指导，最终得到了宋家壕厂区及其周围地区的初步水文地质勘查资料，完成了勘查任务。包钢工人的第一批新居建成，工人们从帐篷和一些零散的工棚、住地，甚至是老乡的牛棚、羊圈里搬到了虽简陋但温馨的新居，这是他们用双手在荒原上建起的第一批房屋。

1957年7月25日，在昆都仑河西岸的段家梁地区，包钢建设

△ 钢铁工人的第一批新居

开工典礼大会隆重举行，宏伟的场面展示了包钢人"万众一心建包钢"，为国家工业化的发展在边疆奋战的决心。包钢开工建设的第一个"战役"，是以白云鄂博矿和机械总厂为重点。首先，建成原料基地，为高炉生产备料，同时建成自力更生制造材料设备加工基地，为包钢建设制造急需的设备和备件，保证施工和生产进展顺利。

在黄河水源地的建设过程中，路是用小毛驴车拉石头，一车一车铺出来的，那时沉淀池的淤泥是影响包钢生产的最大难题，时任包钢给水厂第一任厂长史玉华组织工程技术人员多次试验，最后和北京给排水设计院共同决定采用北京人民支援给包钢的颐和园昆明湖"挖泥船"解决了这个难题，保证了包钢的生产用水。

△ 建厂开工典礼

第5章 草原边疆绘蓝图 从无到有建钢都

△ 机械总厂建设中

黄河水源地施工是要在距地面 10 米以下埋设钢筋混凝土箱型结构的地下泵站以及长达 1550 米的 2 米 ×2 米的钢筋混凝土输水暗渠。这项任务难度极大且任务艰巨，苏联专家预估需两年到两年半的时间完成，但为了提前出铁，任务完成时间只有一年半，而当时的装备只有混凝土搅拌机、插入式振动器、几台电焊机和水泵，其余都是人工操作，肩挑人抬。为了加快进度，现场实行三班作业，"歇人不歇马"，年过半百的抽水泵房总领班高喜亭师傅吃住在泵房，昼夜不离工作岗位，以保证抽水正常运行。输水管线漏水时，只能工人们挖坑，而且需要挖四五米深的坑，从沟底挖出一锹土倒 3 次才能运送到上边。如果是冬季管线漏水，每挖一锹都很艰难，工人们穿着靴子站在冰冷的泥水里，一锹锹、一镐镐

△ 包钢职工修筑黄河大
　堤防洪防汛

△ 黄河水源地围堰工程

△ "挖泥船"在黄河水
　源地工作

第 5 章　草原边疆绘蓝图　从无到有建钢都

地挖出四五米深的大坑，再由检修人员焊接漏水之处，以保证公司生产正常送水。工人们这种不畏艰难险阻，敢于拼搏，有着战胜任何困难的勇气和力量，为包钢的大规模建设打下了坚实的基础。

1957年年底，包钢拥有挖掘机、铲运机、推土机、轧道机、搅拌机、各类吊车、自卸载重卡车、动力，以及其他机械1000多台，施工机械装备率达34%。但很多工程依然需要人工，尤其是冬季施工，首先要打开冻土层，当时只能用人力。土建工人用钢钎和铁锤打开缺口，撬起大冰块，八磅重的大铁锤，整天抡着打，人人手上都磨出大血泡，又都变成硬硬的老茧。1958年4月1日，包钢焦化厂破土动工，4月26日包钢焦化厂第一座焦炉——4号焦炉举行了隆重的动工典礼，拉开了焦化工程大战的序幕。1959年5月22日4号焦炉出焦，为1号高炉出铁做好了准备。后来发

△ 焦化厂工程工地　　　△ 4号焦炉挖掘基地

△ 4号焦炉开工典礼

展到 4 座焦炉，1980 年时全部被冶金部称为"红旗炉"。

从水源工程到炼铁、洗煤、运输及厂区的水、电、气线路等工程，全面开始施工建设，掀起了包钢建设大会战的高潮。厂区的建设者高达几万人，人们以不畏艰辛、勇往直

△ 正在建设中的 1、2 号焦炉

第 5 章　草原边疆绘蓝图　从无到有建钢都　063

前的精神，奔向"会战战场"、厂区现场，红旗招展，彻夜灯火辉煌。人们昼夜奋战，有许多人吃住在工地，忘我劳动，以惊人的毅力完成了为1号高炉出铁的准备建设工程。

　　来包钢前，这些建设者多数没有经验，凭着一颗献身包钢、献身祖国建设的心，一头扎进包钢的建设事业中。为了让他们成为合格的建设者，包钢一开始就注重技术干部和技术工人的培养，有的先送去鞍钢实习，在实际工作中学习施工、管理等经验；有的送去北京钢铁学院和东北工学院学习钢铁生产技术，还选送一批到国外实习等。当时为了提高全体职工的政治、文化和业务水平，还组织职工每日用半天时间进行学习，不仅学习基础课、政治课，还学习政治经济学、哲学等，包钢教育处还专门设立了业余教育管理科，开设了业余大学、中专、小学和扫盲班，成立中专和技工学校以培训技术力量。没有教室，大家就到大柳树的树荫下去上课，这种"树荫课堂"的光荣传统给现在的包钢人留下了深刻的印象。包钢从1956—1965年曾先后成立了工人技术学校、第一职工业余学校、干部学校、卫生学校、医学院、综合技工学校、工业大学、北京钢院包钢函授站、半工半读技工学校、第二职工业余学校、第三职工业余学校，形成了从扫盲到大学，既有脱产学习学校又有业余学习学校，多层次、多学科、形式多样、具有企业特色的职工教育系统。在少数民族地区，这种多形式的开拓性特色职工教育系统为艰苦创业建设包钢培养了一大批急需的人才，促进了包钢的发展。

数万包钢建设者奋不顾身地投入塞外的钢铁基地建设中,创业虽然艰辛,但为早日建成包钢,改变内蒙古工业落后的面貌,为祖国社会主义工业化建设事业做出贡献的信念却坚定不移。熬过了那些艰难困苦的日子,才换得今天的硕果累累。

红色工業

第 6 章
CHAPTER SIX

乌老与包钢的故事

包钢是国家经济发展战略中的重点企业，其建设与发展始终与国家的政治、经济形势息息相关，一直受到中共中央和国家领导人的关怀。包钢的筹建是由党和国家的领导人毛泽东、刘少奇、周恩来、朱德、陈云、邓小平、彭真等亲自擘画，周恩来、朱德、林伯渠、贺龙、陈毅、罗荣桓、聂荣臻、罗瑞卿、陆定一、谢觉哉、董必武、邓小平、彭真、乌兰夫等亲自莅临包钢指导工作，体现了党和国家领导人对包钢建设发展的关怀与重视。1953年11月，中共中央华北局成立了包头工业基地建设委员会，国务院副总理、华北局副书记、蒙绥分局书记乌兰夫成为委员，担负起建设以包钢为中心的包头工业基地的领导重任。包钢人亲切地称乌兰夫是包钢的先行者，因为他不仅对在内蒙古草原建设包钢这样一座大型现代化的钢铁联合企业十分关心和重视，他还亲自过问和解决包钢筹建过程中的许多问题，抽调县以上干部充实和加强包钢的领导力量，在包钢建设中大力培养少数民族干部、技术人员和工人，为包钢的建设贡献出重要的力量。

包钢建设中，时任中共中央蒙绥分局第一书记的乌兰夫自然担负起领导建设包钢的重任。曾多次陪同党和国家领导人来到包钢厂区、矿山视察，体现了党中央对包钢建设的关怀。包头工业基地建设的重点是包钢的建设工作，乌兰夫工作的第一步就是调配了数批干部到包钢，他推举苏谦益就任包头市委书记，成为具体执行包头工业基地建设任务的总牵头人，选派了刘耀宗、乌力吉那仁等人支援包钢建设，这些人后来都成为包钢重要的领导。乌兰夫的这种决策和措施对培养建设人才，特别是少数民族干部有着决定性的意义。在包钢的筹备和初建阶段，乌兰夫做出很多重大决策：一是在开发白云鄂博矿山时，主峰是牧民们祭祀的敖包，也是牧民们每3年举行一次"那达慕"大会的地方，遇到当地牧民和喇嘛的阻拦，乌兰夫想到国家开矿和牧民祭祀"敖包"不矛盾，

◎知识链接

乌兰夫（1906年12月23日—1988年12月8日），曾用名云泽、云时雨，化名陈云章。内蒙古土默特左旗塔布村人，蒙古族。1925年9月加入中国共产党。上将军衔。曾任内蒙古自治区党委第一书记、内蒙古自治区人民政府（人民委员会）主席、内蒙古军区司令员兼政委，内蒙古大学校长，中共中央华北局第二书记，内蒙古自治区政协主席。中华人民共和国副主席、全国人民代表大会常务委员会副委员长，中国人民政治协商会议全国委员会副主席，中央统战部部长等职。

◎ 知识链接

　　那达慕的前身是蒙古族的"祭敖包"，是蒙古民族在长期的游牧生活中，创造和流传下来的具有独特民族色彩的竞技项目和游艺、体育项目。"那达慕"，蒙语的意思是娱乐或游戏。那达慕大会是蒙古族的节日盛会，每年在七月、八月牲畜肥壮的季节祭敖包时人们会举行"那达慕"大会，是为了庆祝丰收而举行的文体娱乐大会。那达慕大会上必有赛马、摔跤、射箭项目，还有争强斗胜的棋艺、引人入胜的歌舞以及贸易活动等。

草原上有很多风水宝地，于是以"敖包"另选宝地搬迁过去祭祀说服了当地牧民和喇嘛，解决了白云鄂博矿山正常开矿的问题。二是把原属于乌盟地区的包钢主要矿区白云鄂博、石拐矿区和固阳县划归到包头地区。乌兰夫曾说：包钢就像一个大锅，矿石就是做饭的米，煤矿就是做饭的柴。可是锅在包头，米和柴都在乌盟，分别属于两家，做起饭来太不方便。这是根据自治区和国家经济建设大局的需要而做出的决定，方便了包钢以后的生产管理。三是在1958年包钢做出提前出铁的重要决定后，由于生产原料及设备等缺口太多，乌兰夫多次亲自写信或出面协调，上报中央关于包钢的建设情况和存在的问题。在武昌召开的中共八届六中全会上的发言，重点报告了包钢建设及其未来的生产问题，向中央提出七项建议：一是请求中央把包钢建设列为专题进行研究；二是请求全国各省市支援包钢；三是请求一机部保证提供包钢急需的设备；四是要求铁道部在1959年一季度建成包钢枢纽站——宋家壕编组站；五是要求水电部在1959年4月前协助包钢配齐第一热电站尚缺的设备，使一个机组投入生产；

六是要求煤炭部调给部分设备,帮助包头把洗煤厂尽速建成;七是请求国家经济工作委员会、交通部调给包钢卡车150辆,以解决包钢运输的困难。发言中阐明了加速包钢建设的重大战略意义,希望冶金部和全国各地大力支援包钢建设,使包钢在我国钢铁工业中起到应有的作用。这份发言对全党和全中国起到宣传包钢的作用,引起了毛泽东主席的关注,当即指示要想办法为包钢解决问题。周恩来总理亲自召见了包钢总经理杨维,详细询问了包钢的困难,在党中央的关怀下,最后形成全国支援包钢的局面,为包钢加快建设速度,提前出铁奠定了基础。乌兰夫就包钢建设项目中的国内订货不能及时交付问题,致函中共山西省委书记陶鲁笳、河北省委书记林铁、辽宁省委书记黄火青、黑龙江省委书记欧阳钦、湖南省委书记周小舟、安徽省委书记曾希圣,吁请各省"能够按照中央平衡分配的时间按期或能提前交付包钢的订货",为争取中央各部门及全国各地支援包钢起到了促进作用。乌兰夫还写信给当时的冶金部部长王鹤寿及中共中央华北局书记陶鲁茄,要求对包钢建设中存在的钢材、水泥和重大设备及技术力量严重不足等问题给予帮助和解决。党中央的号召,很快在全国得到响应和落实,保证了包钢1号高炉的建设进度。1号高炉提前建成,是党中央关怀和全国大力支援的结果,其中也倾注了乌兰夫的心血。乌兰夫始终关注着包钢每一项重点工程的进度,他曾多次到包钢施工现场视察,并指导工作。1958年4月26日,包钢焦化厂动工兴建时，乌兰夫为工程剪彩并亲手浇灌第一车混凝土。1959年1月，在乌兰夫亲自提议和主持下，内蒙古自治区党委发布《关于加强包钢建设的领导和支援工作的决定》，成立内蒙古自治区支援包钢建设委员会。1959年9月下旬，乌兰夫率内蒙古自治区党政领导集体到包钢视察工作，这代表着国家对包钢的亲切关怀，这对在那样艰苦的环境下不辞辛劳的职工们是一种巨大的鼓舞。9月26日，包钢1号高炉首次出铁，结束了内蒙古寸铁不产的历史。乌兰夫代表周恩来总理授予帮助建设包钢的苏联专家斯捷班斯基感谢状，还给苏联专家们佩戴了"中苏友谊"纪念章。10月15日，包钢1号高炉出铁剪彩典礼大会在高炉前广场隆重举行。乌兰夫陪同周恩来、叶剑英等党和国家领导人以及中共中央、国务院有关部委、群众团体负责人、部分省市负责人参加大会，周恩来总理为1号高炉出铁剪彩。乌兰夫在会上发表了讲话，他说："包钢是我国目前建设的三大钢铁联合企业之一，包钢1号高炉又是我国目前最大的自动化大型高炉之一。像这样大型的现代化钢铁联合企业，能够在原来工业基础薄弱的内蒙古自治区高速度地建设起来，这是以前的人梦想不到的，然而在中国共产党和我国各族人民敬爱的领袖毛主席领导下的新中国，胜利实现了以包钢为中心的包头工业基地建设的大发展。这一伟大成就，对彻底改变内蒙古自治区的历史面貌，正在发挥和将要发挥它越来越大的作用。因而这是值得全国和内蒙古自治区各族人民热烈庆祝的一件大喜事。"

他讲道："周总理在百忙中亲自参加庆祝大会,给我们带来了党中央和毛主席的亲切关怀,给了我们莫大的鼓舞和无限的力量。各兄弟省市同志的到来,大大地增加了我们的信心与勇气。"他还讲道:"展望未来,更加无比兴奋,希望我们包头市全体职工和各族人民,在党中央和毛主席的领导下,团结一致、乘风破浪,克服前进道路上的困难,提前建成以包钢为中心的包头工业基地,为内蒙古自治区经济、文化建设的更大发展,为加快建成具有现代工业、现代农业和现代科学文化的伟大社会主义祖国而坚持不懈地奋斗。"讲话里既表达了他对党中央的尊敬和感谢,也有对全国各民族兄弟姐妹紧密团结、互助合作的喜悦,表明了他对社会主义建设任务艰巨性的认识,寄托了他对包钢人的期望,也给予包钢人信心和鼓励。

在"早出钢、多出钢,力争早出钢材,支援全国建设"的口号下,包钢工人兄弟们向党交出决心书"只要早日流钢水,宁愿汗水飘起船",不分昼夜劳作,确保早日出钢,包钢1号平炉是在苏联帮助下设计完成的,是当时几座"平炉之王"之一,采用氧气炼钢、汽化冷却等新技术,实现自动化操作和两槽出钢。配料、上料、铸锭、脱锭、整模等辅助工程基本都是高度机械化和自动化的。包钢的第一座大型平炉在1960年5月1日流出第一炉钢水,钢花四溅,宣告我国钢铁战线上又多了一支强大的生力军,宣告内蒙古自治区的钢铁工业历史从此进入一个飞跃发展的新阶段。乌兰夫亲临包钢炼钢厂为1号平炉出钢剪彩,并视察了炼钢厂。

△ 1号平炉出钢庆祝大会

随后,包钢在体育场举行万人庆祝大会,乌兰夫在大会上发表了重要讲话。他说:"包头工业基地已具有一定的规模,在发展自治区经济建设中,包头要发挥其基地的作用。要大量培养建设人才,不断增加技术设备,满足生产建设发展需要。在培养职工中,要特别注意培养壮大蒙古族与其他少数民族的工人阶级队伍,加强民族团结……"乌兰夫在发言中指出包钢1号平炉的建成和投产,大大提高了内蒙古自治区炼钢生产能力和技术水平。今后要生产出更多钢铁,供应国家和内蒙古各项生产建设的需要。它使包头工业基地的建设又向前推进了一步,对改变自治区面貌,使自治区蒙古族和其他各族人民经济、文化的发展水平尽快赶上全国水平,起着重要的作用。他也提出了要求,在包钢边建设边生产的阶段,要争取在较短的时间内提前完成包钢的基本建设任务,保证全部工程尽早按质保量建成投入生产的同时,还要必须搞好当前的钢铁生产,尽快提高高炉、平炉的利用系数,增加钢铁产量,提高钢铁质量,使包钢在社会主义经济建设中发挥更大的作用。还指出包头工业基地已具有一定规模,要发挥包头工业基地的作用,在完成本身生产任务的同时,从技术设备、物质力量、技术管理和管理人才等方面，大力支援自治区各项建设，支援新建厂矿，支援农业生产。这些都反映了包钢担负着建设国家、建设内蒙古自治区的重任，当时全国为包钢，现在包钢为全国的责任担当。

包钢建设在一个特殊的时期，虽然过失和教训不容忽视，但是包钢和以包钢为中心的包头工业基地的建设成就亦不容否定。这些成就的取得与乌兰夫的支持是分不开的。他是民族团结的纽带，他带领内蒙古自治区的各兄弟民族紧密团结，共同建设这座城市，走向经济繁荣。他为民族事业的发展贡献毕生的精神一直永存。今天习近平总书记对内蒙古自治区的长远发展提出清晰的战略指引："希望内蒙古各族干部群众守望相助""把内蒙古建成'我国北方重要的生态安全屏障''祖国北疆安全稳定的屏障'""把内蒙古建成我国向北开放的重要桥头堡"。"守望相助"是习近平总书记对内蒙古的殷切期望。"守，就是守好家门，守好祖国边疆，守好内蒙古少数民族美好的精神家园；望，就是登高望远，规划事业、谋求发展要跳出当地、跳出自然条件限制、跳出内蒙古，有宽广的世界眼光，有大局意识；相助，就是各族干部群众要牢固树立平等团结互助和谐的思想，各族人民拧成一股绳，共同守卫祖国边疆，共同创造美好生活"。

这种精神会永续存在，为各民族共同团结奋斗、繁荣发展，为民族团结进步事业再写新篇……乌兰夫无愧于引领内蒙古步入现代化的民族精英！

紅色
工業

第 7 章
CHAPTER SEVEN

最大的朋友圈
——全国支援包钢

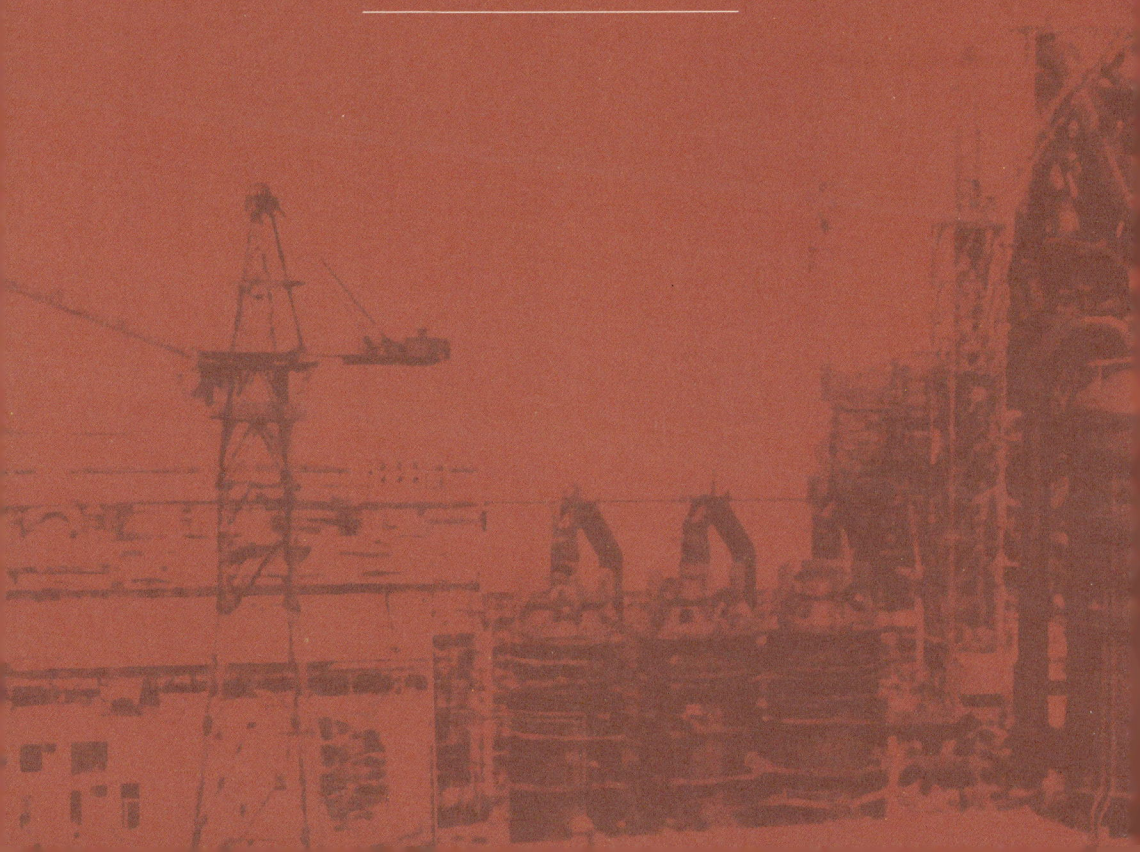

没人、没钱、没资源,如何能建成包钢呢?在紧要关头,包钢建设者发动了最大的朋友圈——全国各地都来支援包钢。

第一次是当241地质队在宝山开始的那一刻,党中央和国务院对新生的包钢建设极为关注,大江南北、长城内外,祖国大地响起了『支援包钢』的声音,各地的创业者从四面八方会聚包钢开始了钢铁建设。第二次是在包钢一号高炉提前出铁时,在党中央和各地党委的直接关心重视下,全国20多个省、市、自治区的数百个单位积极支援了包钢,鞍钢、马钢的1000多名中层干部、技术人员、管理人员来了,原北京军区的一个汽车营来了,空军派飞机帮助包钢抢运物资,在全国各地订购的各种设备、材料及时运到包钢……形成了全国支援包钢的热潮。

中华人民共和国成立后，国家把发展工业作为重中之重，不仅接受了苏联的技术、设备援助，把建立自己的工业体系和国防体系纳入第一个国民经济发展五年计划。国家根据经济、国防建设的需要，把"515协定"中苏联援助的5个项目都放在包头市。毛泽东号召全国人民支援包头市的国家重点项目建设，于是全国各地的创业者会聚到了祖国西北部的这个边陲小镇，开始了轰轰烈烈的建设。土建队伍来了，决心为包钢建设添砖加瓦；机电队伍来了，群策群力，研究运用新技术搞好设备安装；苏联专家来了，无私地提供各种援助；中央各部委也积极为包钢建设提供交通、电力、煤炭、水力等方面的条件。包钢从开始的几十人，发展到后来十几万人的建设大军。

包钢自1957年夏正式开始建设以来，在党的正确领导、全国人民的支援和苏联专家的帮助下，建厂工作得到快速推

◎知识链接

　　1953年中苏签订的156个重点项目，其中有5个项目全部位于包头市，奠定了包头以钢铁为中心的工业基地地位。包括包头钢铁公司[现为包头钢铁（集团）有限责任公司]；内蒙古第一机械厂（617厂，现为内蒙古第一机械集团有限公司）；内蒙古第二机械厂（447厂，现为内蒙古北方重工业集团有限公司）；包头第一热电厂；包头第二热电厂（现为内蒙古蒙电华能热电股份有限公司）。

△ 土建队伍支援包钢建设　　　　　　　　　　△ 铁道部承担修筑包白铁路

进。建设这样一个规模巨大，技术水平很高的现代化企业，使它同鞍钢、武钢一起成为我国钢铁工业的骨干是有重大意义的。包钢实现了我国当时最大的1513立方米的1号高炉提前出铁，只用了16个月的时间，建成了以高炉出铁为目标的多项工程，使包钢进入建设的新阶段。但是建成这样的联合企业，就钢材料来说，大约需要40万吨，钢材品种5000多种，各种水泥40万吨，混凝土120万立方米，各种五金、电器材料和设备2万多种。除了国外订货，国内订货也遍布全国各地，可想而知有多困难。没有材料设备怎么办，找朋友帮忙啊！乌兰夫先私信各地朋友，还给冶金部部长写了信，后来给全国各地的供货商写信，给冶金部和中共中央华北局写信，在信中提到包钢出现的问题首先应该挖掘内部潜力来解决问题，但根据内蒙古现有条件解决不了，包钢担负着建设国家的重任，所以才需要中央和各部委来协助解决。把"朋友圈"求助的范围一步步扩大。

这些依然不能满足建设包钢的需求，在武昌召开的中共八届六中全会，中央决定把包头地区作为国家培植的重点。1959年1月《人民日报》发表社论《保证重点，支援包钢》，这在当时起到了强有力的宣传作用。"全国一盘棋"，在20世纪50年代我国工业的起步阶段，钢铁是工业的支柱，用钢铁可带动一切，所以首先要保证钢铁工业的发展。一场"包钢为全国、全国为包钢"的支援包钢建设热潮迅速展开。

华北协作区委员会也做出了《关于加强支援包钢建设工作

◎知识链接

保证重点，支援包钢（《人民日报》社论）（1959年1月28日）

社论中指出的几个重点：1.包钢这样的大型企业由于具有现代化设备、先进技术和工人大量集中等优越条件，是带动我国工业生产建设全面发展的脊骨，是生产现代工业产品和培养具有现代工业技术知识的劳动者的基地。没有这种现代化的大型的骨干工业，就无法迅速提高我国的工业水平。2.大型骨干企业是国家建设的重点，全国一切重点企业和重点工程，在需要而且可能的时候，我们都要给予支援和保证，而钢铁企业中的包钢、武钢的建设尤其需要支援和保证。人们都知道以钢为纲、带动一切的道理，钢铁是工业的支柱。4.重点企业和重点工程的进度需要保证，而各地区的建设任务也很繁重，怎样对待这个问题呢？我们的原则是：保证重点，照顾一般，使国民经济有计划、按比例地发展。任何地区、部门在对待企业建设的时候，都必须让局部利益服从整体利益，必须发扬相互支援、相互协作、共同发展的共产主义协作精神。也就是"全国一盘棋"的原则。5.现在全国都瞩目包钢，全国各地也将大力支援包钢。

△ 1959 年 1 月《人民日报》发表了《保证重点，支援包钢》的社论

的决议》，首先保证包钢急需的设备材料。别人都在帮忙，自家就更不用说了，内蒙古自治区成立了支援包钢建设委员会，包钢市委提出了"全市支援包钢，包钢带动全市"的口号，召开了各种支援大会，1959 年 2 月开展了包头市各族人民支援包钢建设誓师大会，各方力量全力以赴，支援包钢。在这种有利形势下，包钢组成了 50 余人的对外求援代表团，分为七个组，赴北京、上海、天津、沈阳、哈尔滨等地企业，调动起全国最大的"朋友圈"。共动员各省市 80000 多名职工，调

△ 包头市各族人民誓师"愿为支援包钢全力而战"

△ 长春市兴东机械厂工人为包钢制造的设备在装配和包装

第7章 最大的朋友圈——全国支援包钢 083

集5000多台（套）施工机械参加包钢建设，全国共有800多个厂、矿企业日夜为包钢赶制材料、设备。实现了1959年"四月通水""五月出焦"，也保证了我国当时最大的1513立方米1号高炉提前一年建成。

在党中央的关怀下，在全国、全区和全市人民的支援帮助下，包钢解决了急需的设备和材料，得以顺利建设。包钢1号高炉的建设就得到全国各地290多个工厂企业的支援。原北京军区将汽车营的147台嘎斯51型载重汽车，全部移交给包钢，并给每台汽车配备1名服役期满的军人转业做司机。鞍山钢铁公司作为我国钢铁老大哥，在支援包钢建设方面，从人力、物力、技术等方面都是最给力的，1959年1号高炉出铁之际，又派出鞍钢炼铁厂副厂长、老英雄孟泰带领一批能工巧匠来帮助包钢攻关，传授生产技术。全国铁路运输部门对包钢急需的材料设备，都优先以快件运出，中国人民解放军汽车营为了支援包钢，与包钢职工一起奋

△ 1959年马车队运输物资

△ 1959年大兴安岭木材运往包钢工地

战了将近一年半的时间。内蒙古自治区各族人民在劳动力调配、粮食供应、建筑材料供应及设备制造等方面，给予了最大限度的帮助。

在全国大力支援下，包钢经过 1958—1960 年三年的大规模建

△ 鞍钢耐火厂为包钢生产大批耐火砖　　△ 北满钢厂派技术工人支援包钢建设

△ 原北京军区某部派出 150 辆汽车支援包钢建设

△ 北京八所医院派员组成北京医疗队支援包钢建设

△ 1959 年鞍钢炼铁厂副厂长、老英雄孟泰（左）支援包钢建设

设，迅速建成了年开采668万吨铁矿石、年产147万吨焦炭、180万吨铁、100万吨钢的设计规模，取得了初期建设的巨大胜利，为其生产建设发展奠定了坚实的基础。随着包钢1号高炉的投入生产和生铁产量的不断增加，包钢开始调出大批产品支援各地。包钢的生铁

△ 本溪支援包钢的锅炉

每天调往北京、上海、太原、武汉、沈阳、齐齐哈尔等，生产的钢锭也外调到上海、天津、东北等地，包钢焦化厂大型焦炉所产的冶金焦炭，受到各地欢迎，白云鄂博的铁矿石，早已开始支援华北各地，实现了"全国为包钢，包钢为全国"的诺言。在美丽富饶的内蒙古大地沉睡了亿万年的宝藏——铁、煤等矿产，为祖国的繁荣富强贡献出巨大的力量，支援了全国许多地区的生产建设。

第7章　最大的朋友圈——全国支援包钢

红色工業

第 8 章
CHAPTER EIGHT

周总理来剪彩——我骄傲

"我们像双翼的神马,飞驰在草原上,草原万里滚绿浪,水肥牛羊壮……我们将成为钢铁工人,把青春献给包钢。"这首世代传唱、经久不衰的《草原晨曲》,反映了草原人民建设包钢的情景和当时人们喜悦激动的心情。1959年10月15日,周恩来总理为包钢1号高炉出铁剪彩,为草原留下了光辉的一页!这不仅仅是包钢职工的骄傲,也是内蒙古各族人民的骄傲。周恩来总理代表毛泽东主席、党中央和国务院,对包钢1号高炉提前一年建成投产表示热烈的祝贺。总理带来的是党和人民对包钢建设的关怀,温暖着每个建设者的心。2019年起,包钢把每年的10月15日定为厂庆日,可见这一殊荣对包钢来说是多么重要!

1958年2月，包钢决定1号高炉在中华人民共和国成立10周年国庆时出铁，做出这个决定后实际施工时间只剩16个月。中共包钢委员会在高炉、焦化、水源地、矿山等四条战线上，成立了党的工作委员会，由总公司党委书记、经理或副经理等主要领导干部亲临现场，全面指挥，促进工程建设加速进行。

　　1958年6月14日，内蒙古草原上的"钢铁巨人"包钢1号高炉举行了开工典礼，标志着包钢的建设工程全面启动。1513立方米的1号高炉是由苏联列宁格勒黑色冶金设计院设计的自动化大型高炉，是当时全国最大的高炉，计划完成年产量为90万吨铁的任务，要在建设投资减少30%的情况下，保持先进技术水平。不仅采用高压炉顶、蒸汽鼓风、炭砖炉底和炉底强力通风冷却等新技术，生产过程全部是电气自动化，工程异常复杂，高炉的全部钢铁构件和机械设备重达1万多吨。高炉建设的第一步是基础浇灌工程，混凝土浇灌总量为1740立方米，施工单位调用了1000名工人进行演习和训练，所有工序的进度经事先严密计划，高炉浇灌工程只用了22个小时，《冶金报》称这个速度"创造了混凝土浇灌的世界纪录"。在炉体安装阶段，炉体内共砌有200多层、总重量达3000多吨的耐火材料，最重的炭砖每块有900千克，砌砖技术要求非常严格。在炉体外壳安装时，需要使用从德国进口的大型塔吊，塔吊重360吨，高77米。按国外设计，起装塔吊需要一台60多米的桅杆起重机，包钢没有这种设备，工人们纷纷献计献策，依靠塔吊自身安装自己，在30天时间内装起了塔吊，这又创造了一项全国纪录。配套建设中还需安装3座热风炉，当时电焊工只有4名，原计划45天安装1座。后由24名青年组成了"青年钢铁突击队"，他们把行李都搬到工地上，经过几天刻苦训练学会电焊技术，日夜苦战用了不到11天完成了3座热风炉的安装。与1号高炉配套建设的其他系统工程也都投入紧张的建设中，第一个黄河给水工程就倾注了许多包钢建设工人的心血，工人们艰难地战胜了酷暑、严寒和洪水，光是水下作业，就要吸泥60多万立方米，抛石几万立方米，还要在水下爆破岩石、填垫碎石、铺设电缆、浇灌混凝土和堆筑围堰以及进行国内首次施工的凿冰沉排等，工程量浩大，技术复杂。回想当时能完成1号高炉建设的原因中有两条不容忽略：一是包钢每一位职工努力建设国家的强烈愿望；二是这些青年"敢闯敢创"的精神创造了一项又一项的纪录。

为了提前出铁的任务，包钢加紧培养新的技术力量，在当时没有教室、设备、师资、教材等情况下，包钢采用车间、工地为教学场地，老工人为骨干教师，创造了脱产训练、短训与现场实习相结合、业余学习小组等多种培训方式的师徒制教学方式，他们的教学和教材是一些老工人自编自讲来替代的，在教学方法上采取口头讲解和表演结合。这些方式方法即便对于我们现在所实行的师徒制来说也不过时，这种敬业、精益求精的工匠精神也是我们应该学习的。因为工人文化层次普通不高，技术工人在介绍工具使用方法时，在尺上表演"小戏法"（尺码换算），随手做几个"小玩意儿"（下料有关的天圆地方等），这种通俗易懂的演示法很容易被接受和理解。在建设过程中，由于缺工具、缺材料，工人们想尽一切办法进行技术革新，提高工作效率。在安装高炉本体和热风炉炉体外壳时，金属结构公司工人连续数次刷新全国

△ 包钢1号高炉基础砼浇灌开工典礼

纪录；砌筑高炉本体的耐火砖时，原计划45天的工期，利用28个日夜完成了；为了供给1号高炉足够的循环冷却水，工人们战胜了黄河特大洪峰和两次大山洪，使得黄河给水工程顺利建成等，这些都为1号高炉出铁创造了充分的条件。

包钢1号高炉于1959年9月25日11时25分点火生产，内蒙古党委书记、包头市委第一书记苏谦益亲自开动了热风管道阀门，高炉出铁口喷出炽烈的火焰宣告了包钢1号高炉的诞生。9月26日上午5点55分高炉流出第一炉铁水，包钢1号高炉出铁意味着内蒙古自治区工农业生产面貌的根本改变，不仅对钢铁工业的发展有着重大的意义，对增强民族团结也有着重大意义。

△ 1号高炉安装第四节炉体

△ 1号高炉机械化施工

△ 施工中的1号高炉热风炉

△ 1号高炉基础施工——绑扎钢筋

1号高炉比原计划提前一年出铁,虽然由于当时原料系统未开工建设,采用了"富矿入炉"的方法,给矿山后续开发带来了一系列问题,但是在全国人民支持下建成的这座大高炉意味着包钢从基础建设进入到生产阶段,是包钢得以建成的重要一环,也反映了全国人民想早日结束我国钢铁工业落后局面的迫切希望。多少年来,内蒙古草原人民相传草原上有一座藏着宝藏的"铁柜山",1号高炉的建成就是打开宝山的"钥匙"。1959年10月15日下午4时,包头昆都仑区、包钢厂区一片欢腾,那里正在隆重举办1号高炉提前出铁庆祝大会,周恩来总理莅临包钢,为1号高炉出铁剪彩,"彩绸结花幸福来,一剪划开新时代"。周总理来到高温、充满烟尘、轰鸣声震耳的高炉旁,与满身粉尘、满脸汗水的炉前工一一握手,凑近工人身边问好。离开高炉前,周总理嘱咐:"这是世界上第一流的大高炉,第一次在我们国家出现,你们要好好管理啊!"总理的嘱托语重心长,巍巍高炉,建成不易,这是所有包钢人、甚至全国人民智慧和

◎知识链接

　　2019年10月15日纪念周恩来总理为包钢1号高炉出铁剪彩60周年座谈会在内蒙古自治区包头市举行。截至2019年上半年,包钢1号高炉累计生产生铁4500余万吨。会前,周恩来总理侄女周秉建,白云鄂博铁矿发现者丁道衡长子、重庆大学教授丁小中以及包钢炼铁厂的老领导、老工人代表等参观了包钢1号高炉和新建的稀土钢炼铁厂8号高炉。参观过程中,周秉建激动地说:"今天的包钢如伯父所愿。"现在看到的包钢1号高炉经过几次大修扩容后,有效容积为2200立方米,技术装备水平跃上了新台阶。

心血的结晶。第二天总理在包头市第一工人文化宫包钢干部大会上做了重要报告，肯定了包钢在一个荒漠的草原上建起一个工业基地，建起一座高炉所取得的成绩，包钢为内蒙古自治区工业化的发展奠定了基础，也为中国钢铁业做出了贡献，学习包钢这样的精神，并且他还说从包钢看全国，第二个五年计划是可以实现的，可见他对包钢成绩和精神的肯定。

这种精神实质反映出的广大群众干劲儿十足的饱满热情，是应该珍视和引以为豪的，也是包钢精神的源头之一。这种精神鼓舞着一代又一代的包钢人奋勇前进，现在的包钢精神是经过时空洗礼的一种升华。

◎知识链接

包钢精神：就是全体包钢人"坚韧不拔、追求卓越"的共有理想信念和"立己达人"的核心价值理念，是推动包钢发展最强大的精神动力。

包钢力量：就是全体包钢人紧密团结、万众一心、自强不息，为实现富民强企而努力奋斗的强大力量。

1959年10月16日的《人民日报》，头版头条就是《包钢举行1号高炉出铁盛典》。该新闻说："包钢是我国目前建设的三大钢铁联合企业之一，包钢1号高炉又是我国目前最大的自动化大型高炉之一。"现在这也是一座长寿炉。目前在全国钢铁行业中和包钢1号高炉同样岁数的高炉基本被淘汰了。60年前，周总理亲自为包钢1号高炉出铁剪彩，而直至今天这座功勋高炉的生产仍然稳定顺行，为祖国的钢铁事业继续奉献着自己的光和热。

包钢从决定筹建到全国支援，从大规模建设到提前出铁、出钢材，都离不开周恩来总理的重视和所做出的重要决策。在全国第一次钢铁会议上，包钢被列为新开拓的重点钢铁企业之一，以及和苏联签订的"156"项工程中确定了由包钢建设的项目，这些都是周总理亲自主持制订或参与的。1956年3月12日，国家计划委员会主任李富春、国家建设委员会主任薄一波联名向国务院总理周恩来并中共中央呈报《关于批准包钢初步设计的请示》。经毛泽东、刘少奇、邓小平等中央领导人亲自审阅后，由周恩来总理亲自签发了《关于批准包钢初步设计的请示》报告，以中共中央（中发〔卯字〕33号）文件批准了包头钢铁公司初步设计。在武昌八届六中全会上，周总理详细了解了包钢建设的困难，研究拟定解决包钢问题的办法。1959年9月26日包钢顺利提前出铁，10月15日，周总理亲临包头，为庆祝包钢1号高炉出铁剪彩。在我国钢铁行业的所有钢厂中，周总理唯一出席剪彩典礼大会的就是包钢。周总理在干部大会上发表了讲话，会后视察了焦化厂，当总理问有什么困难时，焦化厂厂长李志诚提出多要些马头煤，以保证焦炭的高质量。在周总理与煤炭部的协调下，很快就给包钢配给了马头煤。由于出铁的多少和质量取决于焦炭的情况，这无疑解决了包钢建设中的重大生产配煤问题。

无论是制定签发包钢的宏伟蓝图，还是帮助解决包钢建设中的困难，还是为包钢剪彩，都凝聚着周恩来总理对包钢的深情关怀。周总理的讲话给包钢人留下了宝贵的精神财富，周总理的嘱托激励着包钢一代又一代的创业者，历史将会铭记这一时刻，也会铭记包钢人艰苦创业的光辉事绩。

红色工业

第 9 章
CHAPTER NINE

攻克"老大难"

包钢炼铁生产的发展历史是一部技术进步的历史。由于白云鄂博矿是一种难选、难烧结、难冶炼的共生矿，包钢炼铁科技人员先后攻克了包头特殊矿烧结、冶炼难关，使高炉生产逐步趋于正常。通过科技进步，炼铁各项技术经济指标有了相当大的进步。包钢1号高炉投产后，面临高炉风口破损率高、渣口烧坏多、铁口寿命短和炉内频繁结瘤（俗称『三口一瘤』）等一系列的冶炼难关，由于矿源的特殊性，国际上也没有可以参考的经验。包钢广大工程技术人员、工人和干部在全国各研究院所和兄弟单位的配合支持下，克服重重困难，终于攻克长期困扰包钢生产的『三口一瘤』问题，为祖国的钢铁工业做出了贡献。

包钢1号高炉投入生产后不久，就遇到了一个最大的困难——风口大量损坏。风口是高炉生产送风系统的关键设备。包钢1号高炉开炉时，用的是传统铸铜空腔风口，导热性差，水流速慢，连连发生烧穿、爆炸事故。风口问题是包钢高炉最独特、最困难、为时最长、危害最大的一个技术难关。大量风口损坏严重，不仅造成重大的经济损失，还使高炉作业率低，生产损失严重，有时还会造成设备人身事故。当时国内外都不曾有解决办法，这一时期包钢风口寿命不及当时国内正常水平的十分之一，成为当时国内冶金界难题之一。1959年10月损坏风口29个，并逐月增加，最多时烧坏的风口达334个，是鞍钢、武钢同类高炉风口破损率的10~20倍。因为经常需要对风口进行修理，所以修理费用高，劳动强度也大，高炉各项技术指标远远落后同时期的全国各大钢铁厂。炼铁工人为了减少换风口的时间，创造了快速换风口的全国新纪录。为解决风口损坏问题，1960年包钢成立了攻风口关的协作队，全国先进生产者、革新能手刘志祥带着几位同事搬进了炼铁厂，吃住在炉旁，与工人一起寻求解决风口的途径。他们先后走访了包钢科学研究所、包钢钢铁学院、包头市科委、内蒙古一机厂和二机厂等几十个单位，还收到东北工学院、北京钢铁学

◎ **知识链接**

刘志祥，小时候父亲在贫病中去世，12岁开始给资本家做童工。中华人民共和国成立后成为东北工业部第一工程处一名机械木工，曾获沈阳市劳动模范称号，人大代表。1955年支援边疆建设来到包钢，1959年入党，先后在包钢一公司、机运公司、机械厂、劳动服务公司工作。当过车间主任、党支部书记、工会主席、副厂长。有技术革新和发明创造40多项，先后40多次被评为各级先进生产者、革新能手和劳动模范。曾4次受到毛泽东主席、6次受到周恩来总理的接见。

院等院校的来信，有的单位还派来工程技术人员大力支持和协助。协作队发扬不怕一切困难的革命精神，在兄弟单位的支持下，取得了巨大的成绩。1960年8月，包钢冶金科学试验所（今包钢冶金研究所）工程师龙翼设计制作了螺旋铜管风口，安装在1号高炉进行试验。这是在包钢——也是我国高炉史上首次进行的螺旋铜管风口试验。先后共研制了12种新型风口。1965年，使用焊接方法试制出的铜板风口代替原来铜铸风口，在抗渣铁强度和导热能力上都比原来要好，使风口使用寿命提高1~3倍。1970—1973年，包钢专业的炼铁技术人员不断地进行试验，参考国外铸造的螺旋风口结构特点和国内使用经验，直到1972年才研制出高压水螺旋铜管新型风口，大大提高了工作效率，但仍存在缺陷。北京钢铁研究所等单位对新型风口做了改进，充分发挥了轧制铜材导热率高，紫铜质量好的优点。包钢依靠自己的技术力量，解决了困扰高炉生产18年之久的风口损坏问题。1978年这项成果在全国科学大会上荣获重大成果奖，达到国内外先进水平。1982年获得原冶金部重大科技成果奖四等奖。后改为冶金科学技术奖二等奖。但风口还存在一些缺陷，主要是铜管壁薄（只有7毫米），不耐磨，不适于喷煤。1986—1988年，为适应喷煤需要，研制成功了紫铜帽与铸水箱相焊接的水流合理的贯流风口，基本代替了使用10年的高压水螺风口。1993年又开展了多金属共渗技术，在风口前端进行共渗处理，风口问题才得到解决。

渣口是高炉生产放渣的关键设备。包钢生产初期采用鞍钢等厂广泛使用的全铸铜渣口。这种渣口根本不适应含氟矿石冶炼，寿命只有几天甚至几小时，高炉不能正常放渣，在风口烧坏的同时，渣口也大量烧环，有时还会爆炸，极易发生重大事故。1960年上半年，1号高炉烧坏渣口193个，平均每月32.1个，超出正常水平几倍，仅此一项每年造成的经济损失达上百万元。后改为铜板制渣口，虽然比以前的渣口使用寿命提高不少，但仍有缺陷。由于有焊缝，易开裂，不适应高炉生产，直到1963年6月，经过反复试验，将三道焊缝改为二道焊缝，使用锻造内芯焊接渣口，才取得了明显的成效，达到了国内的先进水平。这项技术在1979年又进行了改进，渣口改由高压水冷却，高炉得以正常放渣，爆炸事故鲜少发生。1982年锻造内芯焊接渣口技术通过冶金部鉴定，1984年被授予冶金科学技术奖。

1号高炉生产初期，铁口泥套寿命极短，新泥套只能出铁2~3

次。主要原因是泥料不适应，含氟炉渣对出铁口冲刷作用大，高炉出渣铁量多，造成铁口经常损坏，虽然多次试验改善，但成效一直不大。1960年年底，2号高炉首先试用碳素料（砌筑碳砖用的粗缝糊）做泥套，寿命达到出铁100次以上。后经过不断改进，泥套寿命达到出铁500次。另外包钢早期沿袭使用的水质炮泥也不适应白云鄂博矿冶炼，直到1963年把铁口改为用碳素材料，炼铁厂与中央试验室共同试制无水泥料，用油代替水，解决了过去潮泥、放"火箭"、跑大流等情况，铁口问题才得到初步解决。1978年，研制出高炉铁口用焦油基无水炮泥，彻底解决了铁口问题。

包钢白云鄂博矿是铁、稀土、铌、氟多种金属元素共生矿。用这种矿石进行冶炼生产，在世界冶金史上甚为罕见。利用白云鄂博矿进行冶炼，极易产生结瘤现象。常年带瘤作业，不仅事故多发，还因为烧炉瘤，耗焦炭量大，造成严重亏损。截至1983年，包钢炼铁厂共炸瘤约50次。高炉基本上处于"烧炸瘤"——生产—结瘤—烧炸瘤的恶性循环之中。中国科学院研究员苏良赫、北京钢院杨永宜教授认为"白云鄂博矿含有碱金属可能是包钢高炉结瘤的重要原因。"1978年后，包钢组织生产科研人员、有关高等院校和科学研究单位等对包钢高炉结瘤原因进行研究，成立炉瘤攻关组，利用去除包头矿中的氟和碱，改善矿石的性能，不仅在防止高炉结瘤方面取得了很好的效果，还证实了两位科学家的观点。经过广大科研人员的试验，总结了防止炉瘤的经验教训，在工人们精心操作下，高炉结瘤问题大有好转。炼铁厂"烧炸瘤"现象在包钢公司的重视下，广大科技人员和工人的积极努力下，冶金部和各其他有关单位的支持配合下，基本上得到了控制。在一个个成功的科技攻关之中，浸透了包钢广大科技攻关人员和职工群众辛勤的汗水！

红色
工业

第 10 章
CHAPTER TEN

稀土之都——你不知道的那些事儿

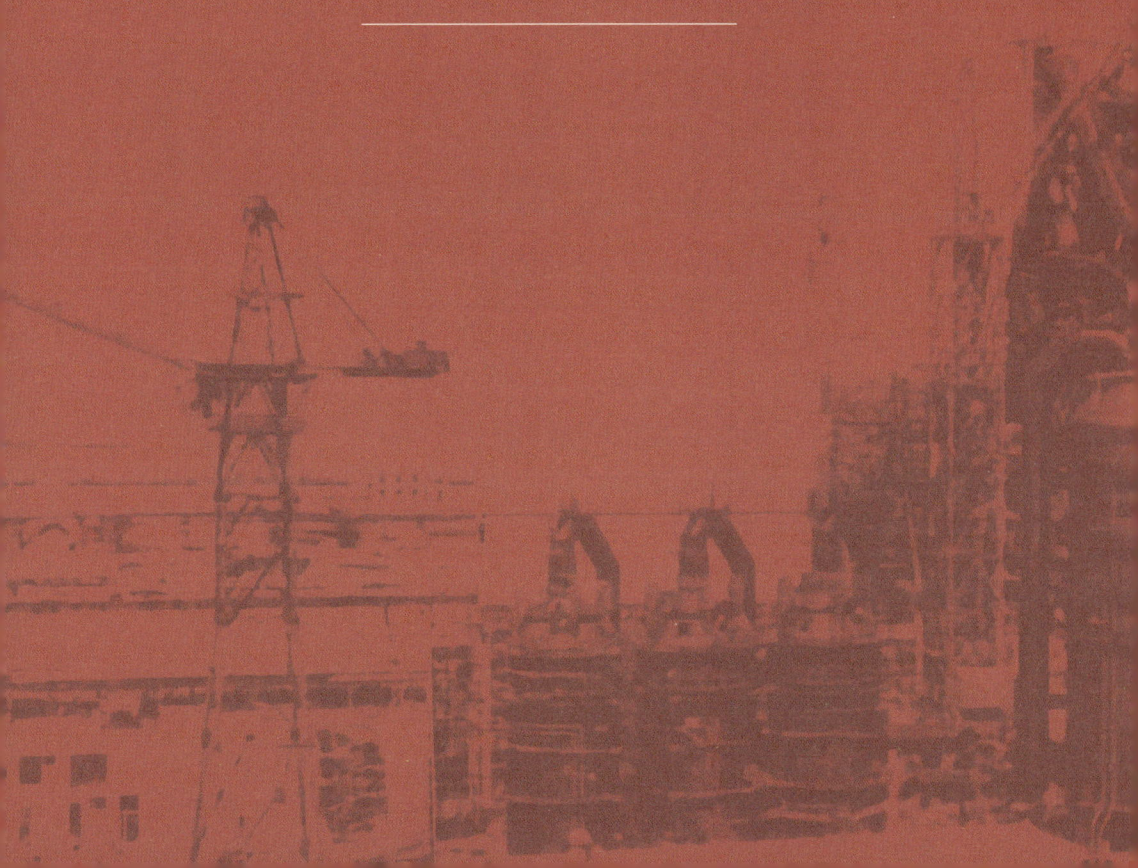

世界的稀土在中国,中国的稀土在包钢,稀土这种材料虽然很多时候与我们的前沿科技发展息息相关,但是大部分人对它毫无了解。这座快被遗忘的城市——包头,知名度与其稀土资源的重要性不成正比。包头有『稀土之都』的美誉,包钢是中国稀土工业的源头,改革开放后我国稀土科技和相关产业迅速崛起,走上『稀土大国』的创新之路。包头有相对应的稀土产业,与之配套的产业链也已经相当完善,是全球范围内的轻稀土产业中心。但稀土的发展受限于很多方面,从创立之初到现在转型发展都是一条艰难之路。

中华人民共和国成立后，政府十分重视对白云鄂博矿藏资源的开发利用。1951年5月和10月，矿产地质勘探局将白云鄂博矿样送交重工业部综合工业试验所，由该所李维时进行室内研究，李维时提交了《铈之提取研究报告》。这是科研部门首次从包头矿中分离提取单一稀土氧化物的试验研究。1953年6月25日，国家计划委员会致函中国科学院，"建议由中科院主持，并组织重工业部、地质部的化验研究机关和有关方面的人力、设备，立即进行大冶、白云鄂博两矿的分析、选矿和研究工作"。随后，中科院成立了"两矿加工小组"。1953年9月3日重工业部向国家计划委员会和毛泽东主席呈送的《关于包头钢铁厂资源概况及选择厂址情况的报告》中就提出矿石中稀土金属问题，对于如何提炼稀土金属，计划先进行高炉冶炼试验并送苏联选矿研究院进行选矿研究。1955年5月10日重工业部向国家计划委员会、国家建设委员会和国务院上报了《请及早研究确定对

◎知识链接

稀土是化学周期表中镧系元素和钪、钇共17种金属元素的总称。自然界中有250种稀土矿。轻稀土包括：镧、铈、镨、钕、钷、钐。重稀土包括：铕、钆、铽、镝、钬、铒、铥、镱、镥、钪、钇。最早发现稀土的是芬兰化学家加多林。1794年，他从一块形似沥青的重质矿石中分离出第一种稀土元素（钇土，即 Y_2O_3）。

稀土金属之利用计划》。文件指出根据地质部的勘探结果,在主、东两矿体及围岩中均含有稀土元素,苏联的肖米克专家也一再提出应重视此项矿物的开发及利用,请国家计划委员会研究确定对稀土矿物利用和开采计划。随后国家计划委员会回复称关于白云鄂博矿区稀土金属矿的利用问题,已建议由中国科学院研究对铁矿所需设计资料部署了处理办法。基本是矿山的设计按地质部提出的资料进行,同时进行稀土矿的勘探和研究,以便施工前做出最后决定。中国科学院"两矿加工小组"召开会议专门讨论"进一步开展包头铁矿中稀土金属的研究问题"。与此同时上海冶金陶瓷所进行了白云鄂博稀土金属的提取试验,分别从尾矿粉和高炉炉渣中提取,使混合稀土金属回收率达到70%。1955年10月,中国和苏联在北京签订《中苏两国政府科学技术合作协定》。该协定第4204项规定,由中苏两国共同进行白云鄂博矿的研究。此后直至1960年的5年中,白云鄂博矿的研究工作一直被列为中苏两国科学技术合作的重点研究项目之一。

1956年《中共中央批准包头钢铁公司初步设计任务书》中批准包钢年产316.5万吨钢、矿石1100万吨的钢铁联合企业建厂设计。对资源综合利用问题,对于矿物含有大量稀土金属与萤石(氟化物),重工业部已委托苏联进行回收稀土金属的试验,氟化物准备在国内进行试验。1957年6月,中国科学院院长郭沫若致信苏联科学院副院长巴尔金协商"共同进行白云鄂博铁矿的研究"问题，后由中国科学院技术科学部主任严济慈致信茨辽夫教授和巴尔金副院长商讨推动此问题的执行。1958年中共中央副主席、国家副主席朱德在国务院副总理乌兰夫的陪同下视察包钢，在白云鄂博矿巅峰，朱德副主席对包钢总经理杨维说："这里不仅是包钢的粮仓，也是世界上罕有的稀土之乡。我们应当很好地利用这些资源，为祖国的经济建设服务。……要加强民族团结，大力培养少数民族职工，争取早日开发稀土矿。"随后中苏两国政府签订《关于共同进行和苏联帮助中国进行重大科学技术研究的协定》。该协定中包括122项重大科学研究项目，其中第41项为包头矿稀土元素的提取与利用。中国科学院成立了白云鄂博铁矿研究工作委员会，严济慈任主任。1958年6月白云鄂博地质中苏合作队开始抵达白云鄂博矿开展研究工作。1959年中国科学院出台了《1960年中苏两国共同进行和苏联帮助中国进行重大科学技术研究项目的计划建议》，确定要解决包头矿综合利用问题及研究包头矿中稀土的分离和利用。1960年冶金工业部、中国科学院、中共包头市委在《关于包头稀土提取及在合金钢应用的科学研究工作会议的报告》向聂荣臻副总理并国家科委进行汇报，报告中指出包钢在稀土研究上取得了一定的成绩，提出1961年建成稀土试验工厂的要求。1960年，中苏合作队正式提交了《内蒙古自治区白云鄂博铁矿铁—氟—稀土和稀有元素矿床1958—1959年中苏科学院合作地质队研究总结报告》，并编写了

《白云鄂博矿床铌、钽产出情况及远景评价报告》，对铌矿物有了进一步的发现。

稀土金属试验厂又是如何建立的呢？这期间经历了很多波折。1958年，包钢副总经理李超起草了《关于包头稀有稀土金属的科研试验情况和建厂筹备的初步意见》的报告，成立有色金属厂筹备处，包钢稀土建厂筹备机构正式定名。随后冶金部发出通知，为了满足国家对稀土金属的需要并为今后稀土金属工业建设准备条件，决定建设包钢稀土金属试验厂，分两期建设，第一期于1959年二季度建成，三季度初投入生产；第二期于1959年年底建成，1960年年初投入生产。1959年1月，包钢稀土金属试验厂正式开工兴建。由于一期工程是先建利用高炉炉渣生产混合稀土金属部分，所以将厂址选定在东临包钢炼铁厂渣道的位置。包钢稀土金属试验厂于1959年6月15日成立，最早的厂名为包钢第二选矿厂（包钢稀土一厂前身），并撤销了有色金属厂筹备处。1959年11月，包钢第二选矿厂（后改称七〇四厂，稀土一厂）一号5吨电弧炉及其配套工程竣工，同年12月试炼出第一炉稀土硅铁合金，标志着我国稀土工业的开端。截至1962年3月成立选矿试验厂（即稀土三厂最早的厂名，1963年3月改称八八一厂）时，包钢的稀土试验工厂正式分成两个厂。选矿试验厂成立后，七〇四厂不再承担湿法处理工艺和电解生产稀土金属的试验任务，而成为专门冶炼稀土合金的试验厂。为开发利用白云鄂博矿的稀土资源，在聂荣臻副总理的建议和主持下，包头稀土研究院前身包头冶金研究所正式成立，七〇四厂和八八六一厂同时划归包头冶金研究所，成为该所的试验工厂，并分别改称包冶所合金试验厂和包冶所八八六一厂。1965 年 4 月包钢提铌试验厂成立，1966 年 8 月以后开始进行工业规模的包头矿提铌工艺试验。1966 年 5 月，包钢选矿厂主厂房，安装了 5 台摇床，开始了浮选回收稀土泡沫和重选稀土粗精矿的试验。

1960 年 10 月，中共中央政治局委员、国务院副总理兼国家科委主任聂荣臻到包头视察工作，就建立我国自己的合金钢（无镍稀土钢）等一系列问题做出重要指示。在稀土科研机构方面，聂副总理明确提出要在包头建立稀土、稀有金属研究中心，其技术力量由冶金部从北京各研究院抽调支援。来自国家方面的支持很给力，1961 年 4 月，原冶金部决定从北京钢铁研究院、有色金属研究院，黑色冶金设计院、选矿研究院（今北京矿冶研究总院）抽调 160 多名科技人员，分配到包钢工作，以加强对白云鄂博矿资源开发利用的科学研究。同年 5 月 5 日，七〇四厂成立稀有金属研究所（对外称七〇四厂科学研究所）。随后，包钢将北京调入的科技人员，陆续分配到钢铁研究所和七〇四厂稀有金属研究所。1962 年，聂荣臻副总理再次对包头矿稀土科研工作做出重要指示。指出白云鄂博矿是世界上稀土、稀有资源储量最大的、最集中的、最便于开采的矿藏。稀土、稀有金属工业是方兴未艾的经济部门。

△ 中频电炉在冶炼和出稀土合金

要集中全国力量,把包钢冶金研究所配置成国家级的研究所或研究院。

1963年年初国家科委印发了《关于包头稀土资源综合利用工作进展情况简报》介绍了白云鄂博矿1950—1962年地质部、科学

◎**知识链接**

稀土在军事方面，有"工业黄金"之称，可以提高坦克、飞机、导弹合金材料——铝合金、镁合金、钛合金的战术性能，也是电子、激光、核工业、超导等高科技的润滑剂；在冶金工业方面，广泛用于汽车、拖拉机、柴油机等机械制造，稀土金属添加至镁、铝、铜、锌、镍等有色合金中，可以改善合金的物理化学性能，并提高合金室温及高温机械性能，复合稀土氧化物还可以用作内燃机尾气净化催化剂，环烷酸铈还可用作油漆催干剂等；在石油化工方面，用稀土制成的分子筛催化剂，可用于石油催化裂化过程，复合稀土氧化物还可以用作内燃机尾气净化催化剂，环烷酸铈还可用作油漆催干剂等；在玻璃陶瓷方面，包括超导陶瓷、压电陶瓷、导电陶瓷、介电陶瓷及敏感陶瓷等，稀土氧化物或经过加工处理的稀土精矿，可作为抛光粉广泛用于光学玻璃、眼镜片、显像管、示波管、平板玻璃、塑料及金属餐具的抛光；在新材料方面，稀土用于照明光源、农业增产、轻纺工业等众多领域。

院、中苏合作队及包钢所进行的一系列研究，认为该矿是规模相当可观的"铁—氟—稀土—稀有综合矿床"，为了综合利用这些资源，还需进行综合勘探和研究工作。1963年4月15日，国家科委、国家经委、冶金部联合召开了包头矿综合利用和稀土应用工作会议（简称"全国第一次415会议"），会议认为包头矿是世界上罕见的铁、稀土、铌和其他稀有金属及放射性元素等共生的大型综合矿床，必须综合利用。与会人员就包钢的建设方针提出了三种不同意见：第一种意见是综合利用应以铁为主，保护好已发现的稀土、铌富集带，充分考虑回收利用，包钢仍按原设计建设，理由是包钢已初具规模，担负着为国家建设提供钢铁的重任，而稀土、稀有资源尚未查清，技术也不过关，今后对尾矿、炉渣要

第10章 稀土之都——你不知道的那些事儿

研究保护措施;第二种意见认为应以稀土、稀有金属为主,综合利用该矿资源,理由是白云鄂博矿是世界第一大稀土矿,铁矿可供人开采几十年,而稀土可供人开采几百年;第三种意见也是绝大部分代表的认为,要强调综合利用,不要提出以什么为主,包钢可暂时维持现状,不宜再扩大建设,积极加强稀土研究。并设法为包钢开辟第二个铁矿基地,如三合明、温都尔庙等迅速查明和准备建矿。直到邓小平视察白云鄂博矿后,指示包钢还是要按原计划进行建设,要综合利用好白云鄂博宝贵资源,随后国家科委、国家经委、冶金部在1965年4月15日(即第二次"415会议")召开的包头矿综合利用和稀土应用工作会议上,确定了白云鄂博矿山"以铁为主,综合利用"的开发方针。

从当时的社会背景来看,国民经济发展急需钢铁,而且钢铁的冶炼技术基本成熟,再加苏联支援,建设这座钢铁联合企业是切实可行的决策,而对于含有稀土和稀有金属共生矿的冶炼在世界上也未有经验。另外,国家及包钢一直重视稀土的研究,随着研究成果的进展,逐步推行稀土事业的发展,建立起稀土工厂,1958—1965年全国共举办四次大型的稀土会议,1958年、1959年中国科学院有关研究所主持召开包头矿研究工作会议,并有苏联专家参会,1963年、1965年分别召开两次"415会议"。最后得出的意见是:开始建设包钢时,不仅就已知的白云鄂博矿是一个含有大量稀土金属的铁矿,而且注意了对稀土金属的综合利用,对白云鄂博矿继续开采，不会破坏这一宝贵的资源，把包钢既建设为重要的钢铁基地，又可促进稀土和稀有金属的利用。因此包钢领导层做出包钢仍按原设计进行，加速建设稀土金属冶炼厂和稀土金属研究所，对白云鄂博矿进行技术研究的决定。在第二次"415会议"期间，冶金部决定把1961年停产的"中包钢"部分设备，改建为火法、湿法提铌的中间试验工厂。随后包钢组建了提铌试验厂（即今稀土二厂，包钢稀土二厂于1956年筹建，1958年2月投产，当时称包钢钢铁材料厂。1959年10月改称为包钢试验厂。1961年12月停产）。

1966年4月，地质部105队提交了《内蒙古白云鄂博铁矿稀土——稀有元素综合评价报告》，首次提出白云鄂博矿区共发现71种元素，114种矿场，其中可供综合利用的元素为26种。

这一阶段是包钢稀土工业艰苦创业之路，也是稀土生产的准备阶段。之后包钢的稀土工作一直到1975年后才开始再次受到国家的重视，先从小规模、试验性生产到全面大发展，1989年包头钢铁公司改名为"包头钢铁稀土公司"，包钢从"以铁为主，综合利用"走上"铁稀并举，全面发展"的

◎知识链接

1992年邓小平在南巡讲话中指出："中东有石油，中国有稀土，中国稀土资源占世界已知储量的80%，其地位可与中东石油相比，具有极其重要的战略意义，一定要把稀土的事情办好，把我国的稀土优势发挥出来。"正式把稀土资源和综合利用问题提高到国际战略地位上。

道路。

　　1971年包头市稀土冶铁厂正式成立，随后建成三条生产线。1978—1986年，国务院副总理方毅7次到包头组织"包头资源综合利用科技工作会议"，组织对稀土资源综合利用的科技攻关这一期间具有国际先进水平的稀土选矿用捕收剂问世，破解了白云鄂博矿的选矿难题，为实现稀土工业化生产奠定了坚实的基础。包头冶金研究所正式改名为包头稀土研究所，将"稀土"两个字正式提出来，进一步明确了研究机构的产业定位和方向。我国于1986年稀土总产量超过美国，跃居世界第一。1988年国内第一条年产40吨钕铁硼永磁材料生产线建成，形成具有自主知识产权的成套技术，带来稀土产业发展上的一次巨大进步。1992年包头稀土研究院进驻包钢，包钢真正成为世界上最大的稀土原料生产基地。邓小平的讲话推动了包钢稀土工业的发展，包头稀土高新技术产业开发区被国务院批准为国家级高新技术产业开发区，包头稀土产业向规模经济、深加工和高新技术领域迈进。最具代表性的是包头稀土矿的选矿，是白云鄂博矿产资源综合利用的关键环节，随着技术的发展，稀土精矿品位从15%提高到68%。1997年以包头钢铁公司所属的稀土三厂、选矿厂稀选车间为基础，联合其他发起人，以募集方式设立内蒙古包钢稀土高科技股份有限公司，成为中国稀土行业首家发行股票的企业。2000年由国家发改委批复，稀土冶金及功能材料国家工程研究中心成立。进入21世纪，包钢稀土成为世界最大的稀土原料生产基地，建成了稀土磁材磨粉、稀土抛光粉、稀土磁材烧结、钐钴永磁材料、镍氢动力电池、稀土浮选、萃取分离等生产线，广泛应用于军事、冶金、石油化工、新材料等方面，2008年开始实施稀土产品国家战略储备。2014年12月11日，包钢稀土整合重组包头市飞达稀土有限责任公司等5家稀土企业，名称变更为"中国北方稀土（集团）高科技股份有限公司"。

◎知识链接

　　2012年6月国务院新闻办公室《中国的稀土状况与政策》白皮书分析了稀土现状：中国拥有较为丰富的稀土资源，中国的稀土储量约占世界总储量的23%。在快速发展的同时，中国的稀土行业存在资源过度开发、生态环境破坏严重、产业结构不合理、价格严重背离价值、出口走私比较严重等问题，中国也为此付出了巨大代价。制定了发展目标：在短期内，建立起规范有序的资源开发、冶炼分离和市场流通秩序，资源无序开采、生态环境恶化、生产盲目扩张和出口走私猖獗的状况得到有效遏制；稀土资源回收率、选矿回收率和综合利用率得到提高，资源开发强度得到有效控制，储采比恢复到合理水平；废水、废气、废渣排放全面达标，重点地区生态环境得到有效恢复；稀土行业兼并重组加快推进，形成规模、高效、清洁化的大型生产企业；新产品开发和新技术推广应用步伐加快。在此基础上，进一步完善稀土政策和法律法规，逐步建立统一、规范、高效的稀土行业管理体系，形成合理开发、有序生产、高效利用、技术先进、集约发展的稀土行业持续健康发展格局。稀土作为一种不可再生的自然资源，必须采取措施有效保护、合理利用。多年来，中国努力对稀土实施保护性开采，促进资源的可持续利用，促进稀土利用与环境协调发展，推进技术进步和产业升级，促进公平贸易和国际合作。稀土行业的持续健康发展，关系到稀土这一重要自然资源的永续利用，更关系到人类赖以生存的地球家园的和谐美好。当今世界，各国相互依存、共生共荣，在稀土问题上应该加强合作，共担责任，共享成果。

中国的稀土储量最多时占世界已知储量的 71.1%，目前占比在 23% 以下。从 71.1% 到 23%，反映出的不仅是国内稀土生产行业的混乱与无序，同时也有稀土后端产业链的欠缺。中国稀土产业在世界上拥有多个第一：资源储量第一，占 23% 左右；产量第一，占世界稀土商品量的 80%～90%；销售量第一，60%～70% 的稀土产品出口到国外。但中国却没有价格话语权，中国稀土产品价格长期以来一直受国外商家控制。2012 年 6 月 20 日，国务院新闻办发布《中国的稀土状况与政策》白皮书。该文件指出，我国以 23% 的稀土资源承担了世界 90% 以上的市场供应。美、俄以及一些有稀土资源的欧洲国家均从中国进口稀土。日本已经囤积的中国稀土足够其使用 100～300 年，从而掌握稀土的国际定价权。控制国内市场资源价格并且建立国家的战略储备，而对国内使用稀土的企业，可以进行高科技的补贴等战略策略来改善当前面临的情况。

中国白云鄂博矿是世界最大的稀土矿山，占国内稀土资源储量的 90% 以上，是急需国家重视支持的一项重要战略资源。另外，值得一提的是包钢铌资源的开发，我国铌金属耗量占世界耗量不足 1%，铌产品的应用大部分依赖进口，与我国丰富的铌资源极不相称，因此在以稀土开发研究的同时，对铌资源的开发、利用及研究也不容忽视。需要国家支持专门的科研攻关组，在研究、开发、利用包钢稀土、铌资源方面进行突破。包头共生矿资源的综合利用，是一个关系到国家技术经济政策的重大问题，受到党和国家的高度重视，现在更应该记起这座最不该被遗忘的城市——稀土之都包头。

红色
工业

第 11 章
CHAPTER ELEVEN

中苏友谊炉

包钢是『一五』时期苏联重点援助的钢铁项目之一，由苏联黑色冶金设计院完成初步设计方案，从选址到1号高炉出铁，都是在苏联专家指导下进行的技术活动。1953—1960年，中国先后请来包钢工作和考察的苏联专家共达150人次，全部都是工程技术专家，其中包钢长期聘请的苏联专家23名，冶金部综合组代聘的苏联专家41名，共计64名。这些专家在包钢工作期间对包钢建设和生产起了重要的作用。为了纪念苏联的无私援助和专家的忘我劳动，包钢1号高炉命名为『中苏友谊炉』。

从 1953 年筹建包钢到苏联专家撤走，苏联专家的工作大致可分为三个阶段：第一阶段是包钢设计阶段（1954—1956 年），这一

◎**知识链接**

参加包钢建设工作的苏联专家及其职务：

1. 参加包钢厂址选择、初步设计和勘测工作：苏联黑色冶金设计院莫斯科总院院长别良契可夫，列宁格勒分院总工程师、包钢总设计师安德列也夫，列宁格勒分院总工程师、武钢总设计师格里高里扬，焦化设计院总工程师克夫顿，建筑专家库里契金，地质专家叶菲莫夫，选矿专家索尔达柯夫、贝可夫，矿山专家沙拉耶夫、少维诺娃，矿山运输专家艾尔绍夫，建筑专家格拉什丹金、雷夏柯夫、满锡列夫，总图专家捷门吉耶夫，电气专家什梅罗夫，供水专家索斯洛夫，矿山机械专家克瓦斯尼柯夫，卡矿山总图专家祖诺夫，炼焦总图专家马约诺夫，耐火专家索尔尼，工程地质专家米赫耶夫，水文地质专家伊丽娜·阿拉诺维奇。

2. 参加包钢厂区测量、黄河勘测及扬水试验工作：伊丽娜、阿拉诺维奇、罗曼纽克、卡纳瓦诺夫、莫宁、奥日柯夫、马舒可夫、库贝斯金。

3. 参加包钢矿厂试验：赫罗莫夫、肖米克。

4. 参加包钢附属企业厂址选择和编制设计任务书：罗曼克、库里斯克。

5. 参加包钢初步设计审查：柯舍列夫。

6. 长期参加包钢施工准备和生产基地建设：土建专家马斯良耶夫、米高尔金、查哈诺夫。

7. 参加包钢建设：专家组长斯捷班斯基，炼铁专家列文、莫罗茨、谢罗瓦特柯，机械专家刘顿什比格里，电气专家列兹尼钦柯、卡兹那切耶夫，燃气专家马茨，矿山专家毕达节列夫，结构专家柯鲁克里柯夫，什器专家维里切夫，焦化专家贝柯夫，管道专家西道林柯夫，烧结专家安德里昂诺夫。

第 11 章　中苏友谊炉

时期先后来包钢工作的苏联专家共计 41 名，主要工作是帮助选择厂址、编制设计任务书、扬水试验、矿石冶炼及初步设计审查，为施工建设准备条件；第二阶段是基本建设阶段（1957—1958 年），这一阶段共聘请苏联专家 6 名，主要工作是帮助一期施工建设，解决施工中的技术关键问题；第三阶段是基建和生产并进阶段（1959 年到 1960 年 8 月），这一阶段共聘请苏联专家 17 名。在进行大规模建设的同时，包钢大型焦炉、大型高炉系统和大型平炉部分开始投入生产，完成了 1 号高炉提前出铁等重大任务。包钢的专家工作机构是在 1958 年成立的，也就是说专家工作走上正轨也只有 3 年时间。这 7 年之间担任了包钢的主要设计及各技术领域的苏联专家，从事初步设计、选址、勘探、水源、矿山试验等技术活动。

包钢从苏联引进成套设备、技术，因此需要一大批的技术力量来完成包钢的建设。包钢不仅有苏联专家的援助，还开始注重培养自己的技术力量，以便消化吸收从苏联引进的钢铁技术，学习苏联先进经验，学会掌握新机器、制造新产品、掌握钢铁冶炼技术。遵照毛泽东所指示的去学习："无论共产党内、共产党外、老干部、新干部、技术人员、知识分子以及工人群众和农民群众，都必须诚心诚意地向苏联学习。我们不仅要学习马克思、恩格斯、列宁、斯大林的理论，而且要学习苏联先进的科学技术。我们要在全国范围内掀起学习苏联的高潮，来建设我们的国家。"苏联专家成为包钢学习的榜样，他们不仅参与了包钢的初期建设，而且对包钢早期技术

△《包头日报》整版报道了苏联对包钢的帮助及号召向苏联学习

能力的培养也起到了重要作用。1954年苏联专家别良契可夫、安德列也夫亲自率领选厂址组参加选址工作，进入场地做了仔细的研究对比，最后由专家组组长别良契可夫编写了厂址选择建议书，选出了最优厂址。当年这些报道最能真实地反映出苏联对包钢的无私援助，而且无论是建设经验、思想意识，还是苏联专家对工作认真负责的态度，或是不畏艰难、刻苦奋斗的精神，都是我们学习的榜样。

  土建专家斯捷班斯基从高炉动工就来到包钢，在包钢工作期间，他非常注意设计与施工能够适合中国的国情，时刻注意节约和力求高速度。包钢1号高炉是苏联帮助设计的世界一流的炼铁炉。炼铁厂工地14个系统，56项工程项目全面开工，为了高炉提前施工，专家组组长斯捷班斯基每天都打电话和电报向苏联联系，要求提前发图纸、设备，使1号高炉得以提前动工。许多苏联重要的设备和原材料提前交货，苏联专门派以苏联出口公司副经理沙敏辛柯为首的经济代表团来包钢实地了解工程计划进度和需要的设备机械情况，并向我国驻苏联的联络组工作人员承诺："有关包钢1号高炉的设备，以满街绿灯来保证通告无阻。"这为包钢1号高炉提前投入生产提供了可靠的保证。炼铁专家列文根据白云鄂博矿的复杂性，建议修改高炉炉身设计，他还亲自到石景山做科学实验，在1号高炉施工最紧张的阶段，他夜以继日地工作在高炉旁，帮助包钢解决了一系列重大技术问题。苏联专家在帮助建设 1 号高炉的同时，还把精湛的技术毫无保留地教授给包钢职工，电气专家卡兹那切耶夫听说机电安装公司的工人，没有安装过像 1 号高炉这样先进的电气设备，他便给技术人员和工人系统

△ 电气专家卡兹那切耶夫在现场

△ 管道专家西道林柯夫在包钢研究水车排风

△ 结构专家柯鲁克里柯夫在现场

△ 焦化专家贝柯夫在现场

讲解高炉电气操作原理和电器设备调整方法等。结构专家柯鲁克里柯夫为保证高炉质量，亲自焊接、打大锤，通过实际操作教给工人如何达到设计要求，他还给工人、技术员讲技术课，类似这样的事迹举不胜举。苏联专家还在施工生产过程中提出了许多宝贵意见，尤其对施工质量要求非常严格，亲自在现场指导施工，及时提出处理办法，他们认真负责的工作态度非常值得学习。

苏联专家从选址、勘探、扬水试验、初步设计到基本建设开始，焦炉出焦、1号高炉出铁、1号平炉出钢、生产调整等方面都进行了现场指导，解决施工中的技术问题，在这一过程中传授技术，培训技术工人干部，对解决包钢建设的设计、施工、生产各个方面都做出巨大贡献。从包钢1号高炉的建设到投入生产，从设计文件到设备供应，从派遣专家指导工作到为包钢培养技术干部，他们同工人一起苦干实干，忘我劳动，细心地指导技术人员操作，给工人传授经验。苏联专家在从苏联引进钢铁工业的最新技术装备过程中起到了关键作用，这些新技术包括1513立方米的国内最大高炉、高压炉顶操作、500吨的大平炉、汽化冷却、在焦炭化学工厂采用新的汽化脱酚法、在中央试验室设有示踪原子检验等，这些新技术在当时的中国是没有的。在施工过程中，斯捷班斯基组长试验应用了压浆混凝土技术，在国内也属于首创技术。这些引进的新装备都是在苏联专家指导下完成。为了保证专家意见的执行情况，还制定了专家建议通知书及与苏联专家的谈话或会议记录，图文并茂的建议内容通俗易懂，并写明执行单位和贯彻人，便于落实。这些细节处处都体现了苏联专家的无私援助，在庆祝1号高炉出铁的时候，包钢党委把1号高炉命名为"中苏友谊炉"，以纪念包钢是中苏友谊的结晶。

紅色工業

第 12 章
CHAPTER TWELVE

第一批民族钢铁工人

包钢建立在少数民族地区，民族政策特色鲜明，在包钢建设初期，内蒙古自治区就有计划地选派少数民族干部来包钢担任领导工作，吸收少数民族职工培养成为蒙古族第一代钢铁工人、钢铁工业管理干部及科研人员，民族职工在各条战线上发挥着重要的作用，这在蒙古民族史是没有先例的。以游牧生活为主的蒙古族中，不仅造就了一大批掌握现代生产技术的钢铁工人、专业技术人员，也培养出了一大批各级领导干部。他们成为中华人民共和国第一代民族钢铁工人、管理干部和科研人员，为提高少数民族整体文化素质发挥了作用，谱写了蒙古族在工业发展史上的新篇章。

包钢的建立与发展，是贯彻落实党的民族政策的结果，是蒙汉民族团结战斗的成果，中国共产党第八次代表大会《政治报告》中指出关于"凡是在少数民族地区的工业，无论是中央国营工业，或者地方工业，都必须注意帮助少数民族形成自己的工人阶级，培养自己的科学技术干部和企业管理干部"。包钢认真落实这些政策，培养职工充实到包钢的各级领导层和科研岗位，使马背民族跨入先进民族的行列。早在白云鄂博矿勘探和开发过程中，蒙古族牧民就帮助地质队工作。地质队初到白云鄂博矿，一时没找到水源。牧民们对地质队寻找水源给予了无私的帮助。地质队在白云鄂博矿区进行水文地质测量时，一位名叫苏和的蒙古族老人曾先后三次冒严寒顶酷暑为地质队带路寻找水源。1953年冬，塞外天寒地冻无法打井，矿山附近又没任何河流能解决燃眉之急。就在这大雪封门而又缺水的紧要关头，一位名叫嘉波勒玛的蒙古族妇女带领

◎知识链接

　　《关于蒙古族技术工人培训规划》要求各厂矿、车间、各职能部门及工人队伍中，都要逐年配备一定数量的少数民族干部和技术工人。规划中提出：积极将思想政治好，历史清楚，有培养前途的少数民族职工放手提拔到各级领导岗位上来，通过实际工作再培养提高。组织上必须热情帮助他们做好工作，各级领导都要对少数民族后备干部进行具体分工，指定专人进行培养，把其中的优秀分子提拔到重要岗位上使用。

△ 勘探队搬冰化水，保证钻机正常运行

◎知识链接

　　如今白云鄂博矿水源还是一个大问题，因所在地没有水源，现在水源主要有四大供应地：塔令宫、白音布拉格、黑脑包、艾不盖。以塔令宫（蒙语译为平川深处，即水源的锅底子，有良好的地下水资源）为例，过去这里的草原到处是水，一下雨随处可见水坑，但近年来，该地沙化严重，地下水位明显下降，草原干旱，夏天雨水偏少，到处一片干枯黄草，这里几乎没有植树，没有绿化，当年漫山遍野的芨芨草早已被围成草坡或开垦种地，当地的农牧民也不懂的长远来保护自己的家园。这片土地太小了，小到没人注意，这片土地作用却太大了，大到自1989年以来一直是白云鄂博矿的主要水源供给地。希望这块水源地能够引起各方的重视。

地质队在暴风雪中走了10余千米，终于找到了一个叫作呼和博拉格的暖泉，解决了矿山的工业用水和生活用水问题。1954年冬，现有的水源已满足不了钻探工作和人们生活的用水需要。地质队又遇到缺水的危机，又是苏和老人，把队员领到白音布拉格泉水旁（蒙语为"富泉"之意），帮助地质队解决了一个至关重要的大问题。为了回报这些纯朴的农牧民，包钢在生活、抗灾救灾、医疗卫生、文化教育、农牧业生产、发展地方工业繁荣经济等方

△ 牧民当年帮助勘探队找到的水源白音布拉格——富泉

138　包头钢铁公司

面，对邻近农牧区也都给予了无私的援助。白云鄂博铁矿医院抢救"草原英雄小姐妹"的事迹在当地家喻户晓，受到各级领导和新闻部门的肯定和嘉奖。

中华人民共和国成立后，第一批少数民族大学毕业生郝永隆、卓日等参加了包钢的筹建工作，陆续又分配来不少少数民族大中专生，形成以蒙古族为主体的少数民族职工团队。包钢建在以蒙古族为主体的内蒙古自治区，国家从民族政策上考虑从开始就注重培养少数民族干部。包钢制定了《关于蒙古族技术工人培训规划》，培养少数民族干部和技术工人工作已形成规范化、制度化。1956年11月，内蒙古自治区团委书记乌力吉那仁被调到包钢工作。早在1950年乌力吉那仁在骑兵第四师任副

△ 白云铁矿医院救治"草原英雄小姐妹"龙梅、玉荣

◎知识链接

蒙古族少女龙梅和玉荣生活在内蒙古原乌兰察布盟达尔罕茂明安联合旗新宝力格公社那仁格日勒生产大队（白云鄂博矿附近）。那时龙梅11岁，玉荣还不满9岁。为生产队放羊时遭遇暴风雪，为不使生产队遭受损失，两人始终追赶羊群，直至晕倒在雪地里。因为严重冻伤，二人都做了不同程度的截肢。龙梅、玉荣在白云鄂博铁矿医院住院期间，曾得到达茂联合旗、白云鄂博矿区、包头市以及内蒙古自治区各级党政领导机关和负责同志的关怀。白云鄂博铁矿医院还免收龙梅、玉荣两人住院、医疗的全部费用。龙梅、玉荣的英雄事迹受到全国人民的赞誉。国务院副总理、中共内蒙古自治区委员会第一书记乌兰夫亲自接见了龙梅、玉荣小姐妹，并题字"草原英雄小姐妹"。

政委时，他就曾护卫地质队到白云鄂博考察。此次他来包钢担任副经理，先是分管矿山，他遇到不懂的地方就向矿山技术人员请教学习，1957年8月又被派到鞍钢实习，第一步先按生产流程全面参观了鞍钢联合企业，由矿山、选矿、烧结到冶炼、轧材、辅助厂、车间等；第二步以矿山为重点，系统学习采矿专业知识，先由矿山教育科按专业安排工程师、技术员讲课，然后到鞍钢最大的露天矿大孤山矿现场观看操作，后又在选矿、烧结、炼铁厂学习近一年。1958年8月乌力吉那仁回到包头兼任矿山公司经理，组织了卡布其石灰石矿的勘探，把石灰石矿的开采从山西安朔县的洪涛山迁到卡布其，建设重要的辅助矿山系统。1957年内蒙古军区为包钢输送了300多名少数民族解放军指战员。包钢对培养少数民族干部和工人非常重视，这批解放军转业到包钢后，干部被送到干校的干训班或送到鞍钢实习，大多数战士进了包钢技工学校，学习科学文化知识和政治理论。这些马背上的战士刚开始对于在屋子里学文化很不习惯，乌力吉那仁起到了很好的带头作用，号召大家克服困难，努力奋斗，学习文化为成为蒙古族第一代钢铁工人、专家。后来根据包钢生产的需要，这批解放军被分配到各厂矿担任中层领导和主要的生产岗位上，有的还被选送到大学进修深造，大部分战士后来都成了建设包钢的骨干。包钢还从内蒙古自治区民族事务委员会招收了70名蒙古族男女青年，分配到各厂矿生产岗位上学习生产技术，扎实地培养出第一批民族钢铁工人。

△ 包钢第一代蒙古族炼钢工宝力昭和马根

　　第一批蒙古族钢铁工人中涌现出很多技术高手。毕业于内蒙古军政大学的宝音特古斯，1954年在全区支援包钢建设的号召下，调到包钢白云鄂博铁矿筹备组工作，负责筹备组党支部工作，并圆满地完成包钢公司交给他的采样和筹建白云鄂博矿的任务。后来宝音特古斯分工负责铁矿的筹建工作，正值包钢白云鄂博矿筹建初期，生活条件十分艰苦。宝音特古斯和筹备组的工作人员一起住在帐篷或土房里完成工作。1959年，宝音特古斯调任包钢白云鄂博矿主矿车间主任，对于采矿生产他是门外汉，但宝音特古斯每天坚持到采场熟悉生产情况，晚上认真学习借来的有关采矿方面的技术书籍。他很快掌握了采矿生产技术和生产组织方式，由外行变成了内行，并且培养出全国劳动模范呼尔宝音等一批先进人物。1962年10月，宝音特古斯调任包钢白云鄂博矿副矿长，走上领导岗位。1964年中共中央总书记邓小平、中共中央政治局委员彭真、国务院副总理乌兰夫等党和国家领导人到包钢白云鄂

第12章　第一批民族钢铁工人

博矿视察，宝音特古斯就白云鄂博矿的矿山生产建设情况和开采规划做了详细的汇报，得到中共中央和国家领导人的充分肯定。

蒙古族工人呼尔宝音是在1957年部队转业到包钢，在包钢技校培训了1年，学习矿山专业里穿孔机的操作，1958年去白云鄂博矿生产第一线工作。党把他从一个农民的儿子培养成为奋战在矿山上第一批驾驭开穿孔机的蒙古族工人，他创造了穿孔机班产的全国最高纪录。1959年10月15日，周恩来总理来到包头为包钢1号高炉剪彩，呼尔宝音作为包钢第一代蒙古族钢铁工人、全国先进生产者，代表少数民族工人受到周总理接见，还进京出席了全国群英会。包钢钢铁研究所所长、高级工程师阿日棍与其他技术人员合作，首次研究出高炉铁口无水炮泥，攻克了技术难关。一位普通的蒙古族机运工人说道："从我记事起，没听说过蒙古族人当工人走进工厂的，而我现在是一名有技术、有文化的工人了，我要用自己的双手，自己的全部智慧，改变家乡落后的面貌，我要贡献出我的全部力量！"这是他的决心，也是所有少数民族同胞的心愿。蒙古族包力召、额尔敦布和等人在炼钢工炉长阿拉坦巴根的指挥下，成功炼出了包钢的第一炉钢水，钢水奔腾而出，钢花四溅，宣布着内蒙古的钢铁工业进入了一个飞跃发展的新阶段。

民族政策的实施，让全厂各族职工都有着"谁也离不开谁"的思想，增强了搞好民族团结工作的自觉性，建立了团结、平等、互助的社会主义民族关系。无论是中共党员、干部还是职工，都把自觉地维护祖国统一、做好民族团结工作当作自己的光荣职责，自觉地为振兴包钢、建设包钢和繁荣内蒙古的经济文化做出贡献。包钢建设初期，为颂扬中国共产党的民族政策的胜利，颂扬蒙古族牧民为保卫祖国矿山资源和建设包钢所

◎知识链接

《白云红旗》剧情：1937年日本侵略者侵占内蒙古，企图进占白云鄂博矿区。人民坚决不屈，老牧民朝克图等人组成自卫队抗敌，共有十三位勇士死守白云山。日本侵略者大举进犯，八路军骑兵团驰骑赴援，歼灭日敌伪军。几年后白云鄂博草原在共产党领导下建设工厂、合作社，生活美好；并开垦过去认为不可轻动之白云铁矿，建成包钢。

做的贡献，由马少波编剧，中国京剧院二团排练了现代京剧《白云红旗》。1960年，中国京剧院二团团长李和带领该剧组来包钢进行慰问演出，剧中主人翁苏和系真人真事。

随着包钢生产建设的发展，包钢以蒙古族为主的民族职工队伍已基本形成。现在在少数民族地区建立的大型钢铁联合企业包钢，是由蒙古、满、回、朝鲜、达斡尔、鄂伦春、鄂温克、苗、锡伯、高山、乌孜别克、哈尼、拉祜、侗、土家等多个民族的职工组成的一个和睦的大家庭。昔日草原上牧民、农民成长为蒙古族第一代钢铁工人、第一代管理干部和科研人员。包钢的发展史同时也是一部民族团结进步史，在中国共产党的民族政策的光辉照耀下，包钢各民族职工守望相助，团结在一起，第一代民族钢铁工人为共同繁荣包钢的经济努力拼搏，包钢也对周边民族地区经济的发展起了巨大的推动作用，共同谱写了包钢民族大团结的壮丽篇章。

红色
工业

第 13 章
CHAPTER THIRTEEN

劈波斩浪初计划终完成

我国决定利用白云鄂博矿资源,在包头地区建立钢铁基地,根据矿石产量决定钢铁厂初期规模为120万—150万吨,最后发展到300万吨以上,允许有进一步发展的可能,制订了年产钢300万吨的最初生产计划,但直到1993年才完成这个目标,中间到底经历了怎样的发展?

程全面展开施工，掀起了包钢建设大会战的热潮。1959年，在党中央的关怀和全国的支援下，包钢建成了以高炉出铁为目标的全公司出矿、通水、通电、通气、通车等80多项工程，1号高炉在9月26日流出了第一炉铁水。截至1960年年底，包钢建成65孔焦炉3座，1513立方米高炉2座，500吨固定式平炉3座，白云鄂博矿、黄河给水工程、杂怀沟硬质黏土矿、卡布其石灰石矿、固阳白云石矿，以及机修、电修、供电、电讯、机械化、洗煤、耐火材料、铁路运输、废钢等附属、辅助工程和一批公用、民用设施，具备了年开采铁矿石668万吨、焦炭147万吨、生铁180万吨、钢100万吨的设计能力。

1961—1963年是包钢一期工程建设调整阶段，这一时期苏联撤走专家，我国又遇三年自然灾害，加重了我国的经济困难形势，

△ 选烧大会战

包钢只能保温护炉。1964—1965年，包钢掀起了"选矿烧结工程大会战"。1965年8月，选矿厂建成第一选矿系列，1966年建成选矿厂第二系列，初步完成原料配套系统的建设。包钢形成了年产铁170万吨、钢85万吨的综合生产能力。

包钢1965—1973年进行了轧钢系统配套建设，初轧厂曾在1959年动工，但后来被迫停建，1965年工程恢复建设，厂内建设的1150毫米初轧机是当时全国最大的国产初轧设备，也是唯一大型国产设备，由冶金部黑色冶金设计院设计，富拉尔基重型机器厂承制，于1966年12月正式投产，至此包钢进入了向完整的钢铁联合企业体系发展的新阶段。投运的75平方米烧结机头烟气净化塔，是我国冶金工业第一套环保设施。1966年轨梁钢厂破土动工，因苏联提供的轨梁轧机存在多处缺陷，直到1969年，当时全国最大的轨梁轧钢厂才投产。1967年，由苏联提供的400毫米无缝钢管轧机设备基本到齐，于1968年年初无缝钢管厂破土动工。1969年8月，冶

△ 我国第一台国产大型初轧机

金部决定包钢无缝钢管厂停建，迁往山西省长治市，轧机设备运往太原。后经周恩来总理指示400毫米无缝钢管厂仍建在包钢，直到1970年10月恢复施工，1971年5月基本建成一期工程，二期石油套管生产线工程于1975年建成。包钢无缝钢管厂建成投产，用直径230毫米圆坯试轧出第一批245毫米×10毫米无缝钢管，结束了我国不产大口径无缝钢管的历史。至此，包钢的轧钢系统配套工程基本建设，包钢生产的大型钢材开始支援全国各地的建设。

△ 我国冶金工业第一套环保设施

1973—1980年是包钢双150万吨钢铁生产能力配套建设阶段。由于特殊年代对包钢的冲击，1973年包钢又面临全面停产的危险，国务院就包钢问题召开专门的座谈会，拟定按150万吨钢配套建设，直到1980年基本完成。1978年包钢实现盈利，结束了连续11年亏损的局面。1979年钢铁产量双双突破100万吨大关。1981—1993年，包钢开始300万吨钢铁生产能力的配套建设，这一期间建成了黑脑包铁矿、公益明铁矿，通

第13章 劈波斩浪初计划终完成　151

过技术改造与扩建，大大提高了矿石生产能力；选矿厂以"弱磁－强磁－浮选"工艺改造改变了原料滞后于冶炼的局面；对冶炼系统的高炉、平炉进行改造性大修；在轧钢系统，为适应市场需要，改变产品结构，建成线材厂；1984年包钢生产出第一卷热扎窄带钢，随后建成带钢厂的热轧带钢、冷轧带钢生产线与3条焊管生产线；为提高钢坯、钢材的产量和质量，初轧厂建成连轧生产线；轨梁轧钢厂、无缝钢管厂引进了许多新设备，提高了轧钢系统的装备水平；之后建成了4号高炉、5号焦炉、高速线材三大工程，对1号至3号转炉进行扩容。

　　1989年10月8日，李鹏总理来包钢视察时，挥毫为包钢题词：为300万吨而奋斗。包钢各族儿女在李鹏总理题词的鼓舞下，团结一心，努力为实现新的生产钢铁300万吨目标而奋斗。1991—

△ 1989年选矿厂"弱磁－强磁－浮选"工艺技术改造工程竣工

△ 1984年包钢生产出第一卷热轧窄带钢

1993年包钢建成了提高产能、做精做强、新技术新工艺以及辅助配套项目，包括炼铁厂对3号高炉进行扩容，新建4号高炉；炼钢厂新建5号转炉，扩容1号至3号转炉；无缝厂对直径400毫米无缝管生产线进行技术改造，新增了提高产品质量的定减径机、轧管机等，进一步保证了无缝管的精度，还新建了直径180毫米无缝管生产线，增加了高效益新产品；重轨改造项目持续推进，钢轨应用在京九铁路上。包钢采用新技术、新工艺的项目：引进了炼钢炉外精炼及连铸机工程、铁水预处理工程，建设了4号高炉、5号焦炉、高速线材这三大工程；白云铁矿扩建，形成1200万吨铁矿石采剥能力；同期，选矿厂八、九系列建成投产；炼钢厂1号、2号、3号平炉全部进行了烟气净化治理；黄河水源地输水管线等工程投产，解决了包头市工业和生活用水的一部分难题。

"八五"期间，包钢新建了烧结机、耐火麦尔兹窑、铸铁机、焦化回收、煤气净化系统、万立制氧机等工程。

1993年包钢完成了最初300万吨设计规模的规划，创造了中华人民共和国钢铁工业多个"第一"：包钢在20世纪60—70年代引进了苏联制造的我国唯一400毫米自动轧管机组等；投产了我国自行设计制作的第一台1150毫米大型可逆式初轧机；生产了我国第一支60千克/米重轨、第一支75千克/米重轨、第一支轻型薄壁大型工字钢、第一支BIV-50型钢板桩、第一支244.5毫米大口径国产石油套管、第一支60千克/米铌稀土轨、第一支国内最大口径426毫米热轧无缝钢管、第一炉稀土硅铁合金，为中华人民共和国钢铁工业发展开辟了先河。

△ 包钢实现年产钢300万吨祝捷大会

1993年，包钢达到了年产钢铁双300万吨生产目标，踏上生产建设大发展的第一个台阶，包钢举行了300万吨祝捷大会，40年后终于完成了建厂时的最初计划。

红色
工業

第 14 章
CHAPTER FOURTEEN

激浪扬帆兴钢魂

包钢工业遗产是包钢发展的历史记忆，是包钢发展的灵魂与精髓的源起。保留包钢工业遗产是为我们子孙后代保留重要的中华人民共和国成立之初工业发展的历史物证，激起学习当年包钢建设者们的钢铁之魂，「炼」就艰苦奋斗、坚韧不拔的钢铁意志。工业遗产文化是包钢历经沧桑、永不褪色精神内涵的外在表现，是包钢人不畏艰险、发展企业的真实写照，也是多少年来激励包钢人不断前进的精神源泉，这种具有红色文化基因、深厚历史积淀的钢铁之魂代代相传，激励着新时代的包钢人继续扬起「敢想敢闯、超越自我」钢魂之帆，与时俱进，让这座草原钢城托起钢铁辉煌百年之梦。

包钢的工业遗产现状正面临着发展与淘汰的选择，旧设备因无地放置，也难以管理。2016年包钢因去产能拆除了2号高炉，另外，"十二五"期间淘汰的还有4台90平方米烧结机、2座80吨转炉、4座8平方米竖炉、4座4.3米焦炉及162平方米带式球团机等装备。保留下来的生产设备体现了重要的技术史价值，工厂内还有很多当初苏联援建时的设备与平台依旧在使用。但是按照目前技术改造的速度，估计这些设备很快也会被淘汰。包钢是唯一由中央批准的城市规划发展城市，如果把工业遗产与保护城市规划、旅游等结合起来，就可以激发工业遗产的内在活力，生动展现我国工业建设的奋进建设之路。对工业遗产的保护需要全社会的重视和关注，工业遗产的社会教育功能，可以让人们感受包钢工业建设的艰辛历程，来自祖国各地的包钢人自强不息的精神和民族自豪感。当年钢铁是最重要的资源，在今天的发展中，钢铁产能可能过剩了，但钢铁厂的工业遗产价值可以活化改造再利用。

我国早期的钢铁生产设备、器物、技术工艺流程等多数已经被先进的生产工艺所代替，但作为工业遗产的价值却有待深入挖掘。尚存的少量设备、器物是珍贵的现代早期钢铁工业遗产。包钢钢铁生产的早期生产系统也被列入工业遗产待挖掘的对象，包钢的早期发展大体上经历了初级产品生产、深加工产品生产和优化产品结构三个阶段。

包钢采用的炼铁原料，主要来自白云鄂博矿。这种矿石成分复杂，冶金性能特殊（软熔温度低、还原性能差），出现了中国冶金史乃至世界冶金史上罕见的技术难关。

包钢的铁精矿主要是以白云鄂博矿石为原料，由包钢选矿厂生产。白云鄂博矿是一座大型铁、稀土、铌、氟等矿物共生的多金属综合性矿床，包钢铁精矿的选矿是世界选矿史上的一大难题。包钢就是在这种艰难条件下进行铁精矿生产的。白云鄂博矿石的选矿工艺流程改造一直是在边试验研究、边设计、边生产、边施工，各项工作交叉中进行的。最后选矿厂各系列生产工艺流程采用八个系列7种工艺流程。

包钢钢铁冶炼系统，包括炼铁厂和炼钢厂。炼铁生产是一个连续的生产过程，包括上料系统、送风系统、除尘系统、渣铁系统、喷吹煤粉系统等部分，生产时按配料和装料制度连续上料，热风不断从风口吹入，炉料在炉内不停地下降还原造渣，渣铁按时从炉内放出，煤气不断导出净化。

包钢炼钢厂是包钢生产钢的主体厂，其主要产品为钢锭，供包钢初轧厂开坯用。炼钢厂的生产，以平炉、转炉为主体，从原料、冶炼、注锭到脱模，形成一个完整的炼钢生产系统。

包钢轧钢系统，包括初轧厂、轨梁轧钢厂、无缝钢管厂、线材厂、带钢厂等单位。主要产品有初轧钢坯、连轧钢坯、钢轨、工槽钢、方圆钢、无缝钢管、线材、棒材、带钢、焊接钢管等。1966 年 12 月，初轧厂投产；1969 年元月，轨梁轧钢厂投产；1971 年 7 月，无缝钢管厂投产；1981 年 6 月，线材厂投产；1984 年 12 月，带钢厂投产。这些当年的包钢生产系统无论从设备上还是技术上都记载着我国工业发展的轨迹。

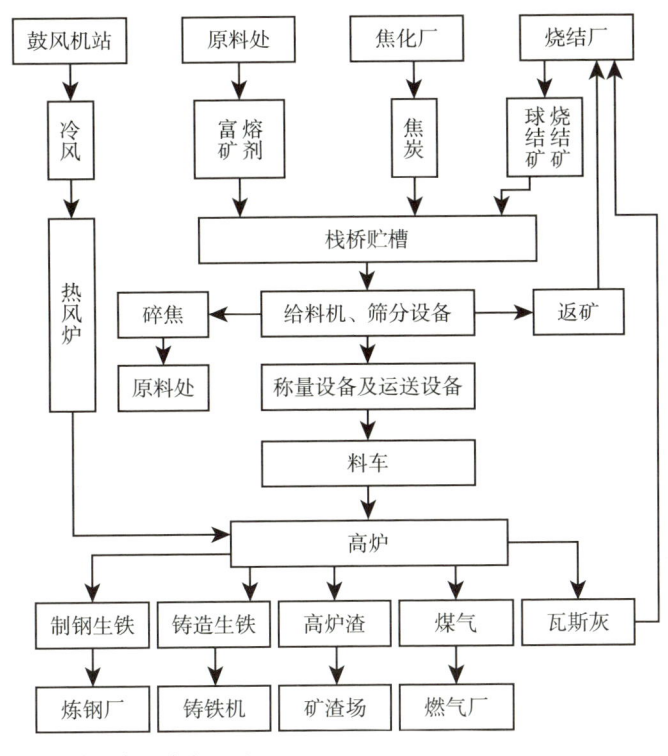

△ 高炉生产工艺流程图

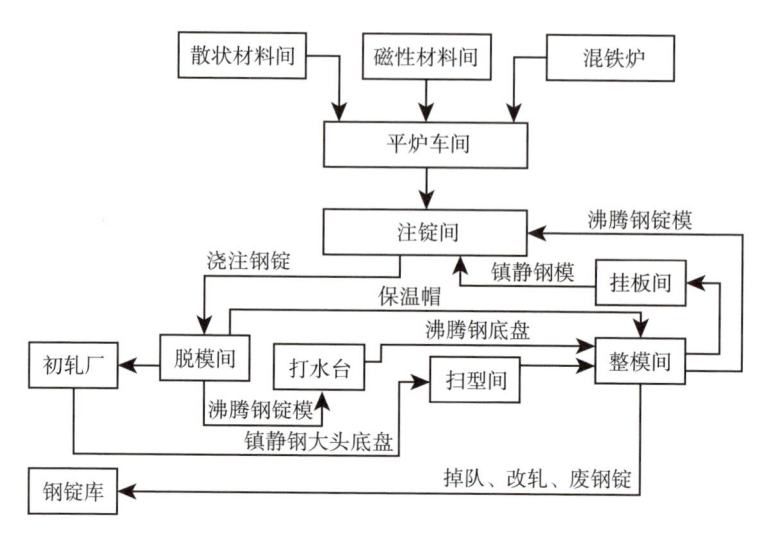

△ 平炉生产工艺流程图

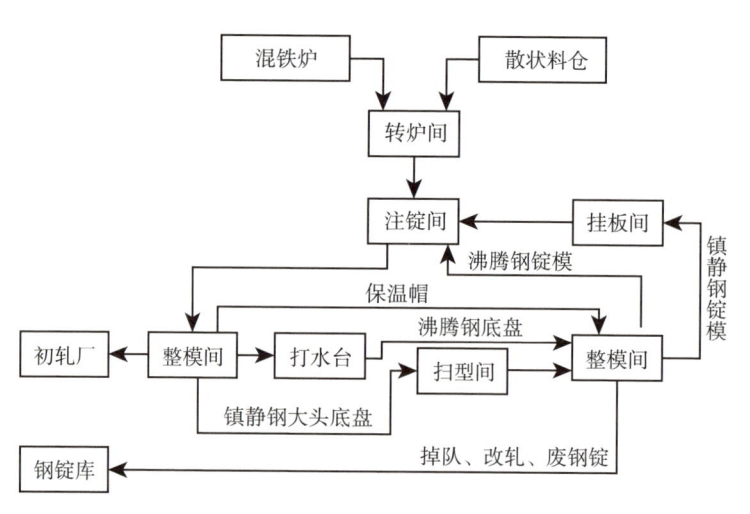

△ 转炉生产工艺流程图

包头钢铁公司

生产线的改造、改建是技术进步的必然要求，这些曾为包钢早期建设做出贡献的生产系统反映了当时从苏联引进技术后，包钢如何进行技术创新实现技术本土化的进程；也是周恩来总理、乌兰夫副总理等国家领导人参观过的生产线，具有重要的历史文化意义。适当保留一些有历史价值的流水生产线和进口设备，从技术史的角度来讲具有重要的工业遗产价值。

2019年包钢入选中国工业遗产保护名录（第二批），主要遗存有：1号高炉（建于1958年）；4台ET7型蒸汽机车（1960年从波兰进口，至1993年停用）；档案，设计计划任务书、苏方完成的初步设计书（共88卷）和技术设计（共230项）、图纸、信件等（存于包钢档案馆），包钢志、包钢史料选辑、白云鄂博铁矿志、亲历人回忆；钢铁大街、钢32号街坊、钢城饭店、包钢医院门诊楼。包钢作为中国重要的钢铁工业基地，白云鄂博矿作为世界罕见的多金属共生矿，所保留下的这些遗存是我们的"文脉"，也是珍贵的历史记忆。下面对这些工业遗产做一个简单的介绍。

建于1958年的包钢1号高炉是草原上的第一座高炉，也是当时全国最大的1座高炉，现经改造后仍在使用，有着特殊的历史价值意义。2016年，建于1960年的2号高炉在全国钢铁行业推进"去产能"时进行了拆除，是钢铁行业拆除的第一座大高炉，2号高炉完成了它的历史使命，退出了历史舞台，但没有作为工业

△ 1号和2号高炉外景

△ 2号高炉拆除现场

遗产来保护利用，甚是可惜。2004年年末，包钢成立工业遗产旅游建设领导小组，设定了包钢工业旅游线路。主要有三条工业旅游线路，分别为白云鄂博矿山游、稀土工业游和钢铁工业游线路。其中主要是从钢铁大街以西到信息大楼会展中心，在生产现场展示包钢工业生产的过程；在1号高炉文化广场体会包钢诞生在不平凡岁月所担负的重任；在包钢会展中心——包钢的厂史馆，通过声光电等科技手段全方位展示包钢的发展史，60多年来的沧桑巨变，展现了包钢人坚忍不拔，追求卓越的企业精神。

1960年，从波兰购进的4台ET7型蒸汽机车，1961年进包钢"服役"，是包钢的功勋机车，见证了包钢最艰难困苦的30多年发

△ 包钢ET7-5333型蒸汽机车捐赠仪式在包头博物馆举行，图为包钢运输部职工与该蒸汽机车合影，其中一对师徒曾驾驶该机车

第14章 激浪扬帆兴钢魂

展历程。2018 年包钢将其捐赠给内蒙古包头博物馆，该 ET7 型蒸汽机车正式被博物馆永久珍藏，成为当地重点保护和利用的工业遗产对象。这台 ET7 型蒸汽机车正式被博物馆永久珍藏，为当地工业遗产的保护和利用做出了贡献。

包钢档案馆保存了从包钢建立到现在完整的档案，设计计划任务书、苏联完成的初步设计书和技术设计、图纸、信件等；内部内行和部分公开发行了包钢志、包钢史料选辑、白云鄂博铁矿志、亲历人回忆等。

钢铁大街为 1954 年中央直接规划命名，是当时内蒙古最宽的大街（1954—2000 年），也是中国最宽的大街（1954—1987 年），有内蒙古"长安街"、中国西部第一大街之美称。这条大街的命名还有一段故事：1959 年，包钢 1 号高炉产出第一炉铁水，周恩

△ 包钢建设的早期图片资料（1 号高炉施工场地）

来总理亲自慰问炼铁一线工人，那张著名的铁花飞溅的图片（钢花香烟包装）就是如此得来的了。当时产出了铁水也产出了矿渣，日本商人要花大价钱购买矿渣（因为矿渣中含有稀土）。周恩来总理亲自下令，不能卖给日本人，我们拿来奠基，从此以后的矿渣就全部拿去铺在大街下面，所以被命名为钢铁大街。还有一个原因就是钢铁大街的终点就是包钢，由此得名。其所包含的历史人文价值意义从"一条街"到"一座城"，凝聚了包头几代人的回忆，是这座城市发展的缩影。

△ 职工上下班经过的中桥（钢铁大街）于1959年建成　　△ 钢铁大街现貌

钢32号街坊坐落于钢铁大街西段，始建于1954年，参照了苏联的设计图纸，采用的是标准设计图纸建造，展示了那个时

第14章　激浪扬帆兴钢魂

△ 1959 年的钢 32 号街坊

代设计、建造的鲜明特征。钢 32 号街坊于 1956 年建成，是国家"一五"时期 156 项重点建设项目包头地区的项目配套工程，因其苏式代表性的对称结构，尖顶、红砖、红色的窗框，具有浓厚的苏联建筑特点，被称为"苏联楼"或"苏联红楼"。它是包头市内最早的楼群建筑，也是最具代表性的居民建筑群。2014 年当地政府对小区进行"修旧如旧"改造，保持建筑原有的风格，融入现代元素，通过打造"苏联风情街"和建立博物馆的方式来提升整个小区的文化品位。

钢城饭店始建于 1971 年 10 月 1 日，在当时是昆区最大的饭店，比较有名气。2007 年进行了重新装修，现在是一家位于市商业中心区域的商务型饭店。

△ 钢城饭店

《人民日报》《内蒙古日报》《包头日报》关于包钢建厂典礼、包钢1号高炉、1号高炉出铁周总理剪彩、包钢1号平炉、包钢科研的当年的全部剪报5本也是宝贵的工业遗产档案资料。

包钢列入国家工业遗产保护名录的设备、技术、建筑、工艺等承载着时代和历史的记忆，反映了当时的技术水平，体现的是技术进步的轨迹。

△ 包钢建设剪报（笔者收藏）

第14章　激浪扬帆兴钢魂

包头钢铁公司作为 20 世纪 50 年代开始建设的我国重要的三大钢铁基地之一，不仅在钢铁行业占有举足轻重的地位，而且带动了内蒙古民族地区铝业、电业、军工、稀土、机械制造、铁路运输等方面发展。随着科技的发展，许多工业设备已退出生产舞台，但这些却记载了内蒙古工业发展、社会进步的历史，是珍贵的工业文化遗产，也是国有企业发展的一个缩影，更是中国现代工业史的缩影，在现代技术史和工业史上具有重要的价值。

包钢是苏联成套设备，技术引进的典型成功案例，本身具有极高的技术史价值，并且还反映了技术转移，技术本土化进程中受到诸多外来因素影响的技术社会史，在中苏技术交流史上具有重要的文化和历史意义。包钢的钢铁类产品及其重要的钢铁生产系统用保留下来的文字、图片、器物等资料来展示钢铁冶炼的变迁过程，可以清晰地再现钢铁工业发展的进程。包钢作为内蒙古的"工业长子"，对社会、文化、城市规划发展都起了重要的影响，与苏联援助的其他项目形成一个完整的整体，具有显著的教育功能，结合城市发展对包钢工业遗产的历史价值进行研究，为包钢工业遗产的保护开辟了更广阔的空间。包钢作为现代钢铁工业的奠基，所具有的时代特色、历史价值、社会文化价值、技术史价值，都是我国现代工业遗产领域的一个研究重点。

目前档案馆保留了完整的同时代留下的图纸文件、批示、合同等原始资料（部分涉密），按国家规定已达到解密期限，但因没有明确的相关解密手续，许多资料仍未能够公开查看。如能公开可以吸引更多的学者、技术史专家加入工业遗产历史和社会文化价值的研究中，对工业遗产的保护和利用会有所促进。

这些宝贵的包钢工业遗产折射出的文化价值是包钢人在新时代发展潮流中永葆心间的"钢魂"，激励着包钢人传承红色基因，继续弘扬"包钢精神"，建设现代化的新包钢。

紅色工業

第 15 章
CHAPTER FIFTFEN

工业长子谱新篇
圆民族复兴梦

传承红色记忆，承载历史重托，作为内蒙古的「工业长子」，从建厂之初就担任着服务祖国边疆建设、振兴民族工业的重担，经过60多年的奋战，战风沙、斗酷暑、搏严寒，实现了从无到有、从弱到强的沧桑巨变，如今走上科技强企之路，新一代包钢人，本着「坚韧不拔、追求卓越」的包钢精神，日夜奋战推进再创业，从过去的以铁为主，到铁稀并举，再到未来开创以稀土为主的新篇章，由「草原钢城」到「稀土之都」，包钢这颗「草原明珠」更加璀璨辉煌，为打造祖国北疆亮丽的风景线，圆民族伟大复兴中国梦做出更大贡献！

第一代包钢人从祖国四面八方会聚到这片塞外草原，把第一面红旗插在大漠荒滩，在北疆建起这座红色钢铁阵营。包钢虽然40年后才实现了最初的计划任务，但是后续却是跨越式的发展。

1995年，以"4号高炉、5号焦炉、高速线材"三大工程建成投产为标志，包钢具备了年产钢铁双400万吨的生产能力，基本形成了钢铁双400万吨规模，其现代化生产水平迈上了新的台阶。1997年，内蒙古包钢稀土高科技股份有限公司成立。同年包钢炼钢圆坯铸机改造完成，浇铸拉钢成功，结束了包钢连铸比为零的历史。1999年，包钢连铸工程荣获中国建筑行业最高奖——鲁班奖，这也是内蒙古自治区第一个鲁班奖。薄板坯连铸连轧工程破土动工，该工程是中国第一套采用当时世界钢铁前沿技术建设的高起点、现代化项目。包钢轨梁厂第三条重轨加工线建成投产，这是国内最先进、自动化程度最高和钢轨加工精度最高的钢轨加工线。2000年，连轧钢管厂精整线建成投产，与经过改造的直径400毫米无缝管生产机组互为补充，使包钢无缝钢管在质量、品种、产能均跨上一个新台阶。

2001年，薄板坯连铸连轧投产，结束了中国西北地区不产热轧薄板的历史，随后第二炼钢厂投产，实现了二体系全线贯通。

△ 建设中的 4 号高炉

△ 5 号焦炉施工现场

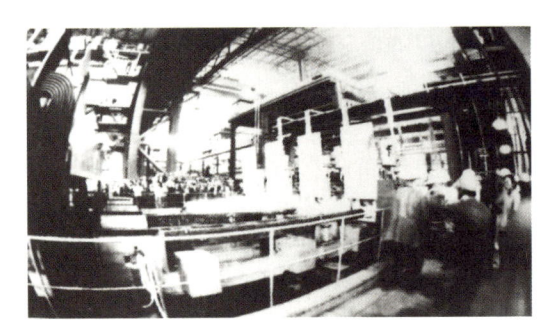

△ 1997 年连铸工程圆坯连铸机首次浇铸

△ 1997 年内蒙古包钢稀土高科技股份有限公司成立

这一年，包钢淘汰了最后一座平炉，进入了全转炉冶炼的现代化生产格局。2002 年，炼钢厂小方坯连铸连轧和小扁坯连铸机建成投产，标志着包钢实现全连铸生产。2003 年包钢污水处理中心工程投产，开始了新的一轮保护母亲河行动。2004 年，包钢开展了新建 5 号高炉及 7 号焦炉、热电厂 1 号鼓风机改造、7 号万立制氧机、精矿仓五跨等工程。包钢生态工业园区建设规划通过国家环境保护总局（现中华人民共和国生态环境部）评审，标志着包钢

△ 2001年12月28日，包钢最后一座平炉——1号平炉关停

可持续发展战略迈出实质性的一步。2005年，精品线工程如180毫米无缝热处理工程、石油管加工工程、冷轧薄板工程、轨梁改造工程相继建成投产。节能项目中的9号锅炉改烧煤气、焦化全重介洗煤工程、耐材1号麦窑工程、1号高炉TRT顶压发电工程均完成建设。2006年，新建炼铁厂6号高炉、炼铁厂综合料场、炼铁厂265平方米烧结机、炼钢厂5号连铸机、百米高速钢轨、供电厂81号变电站、氧气厂4万立方米制氧机等工程。2007年，焦化厂新建100万吨煤焦系统建成投产。薄板厂宽厚板工程、30万立方米高炉煤气柜工程、棒材厂50万吨高速线材工程完成建设，投入生产。

第15章 工业长子谱新篇 圆民族复兴梦 177

2008年，轨梁厂H型钢加工线竣工投产。薄板厂210吨RH真空脱气精炼炉竣工投产，投产后年处理钢水能力为180万吨。内蒙古包钢西北创业实业发展有限公司成立，打造出非钢辅业产业链，开展了循环经济产业、装备制造业、工程建设产业、物流商贸产业、信息化产业、绿色农畜产品加工及服务业产业等领域。2009年，白云鄂博西矿矿浆输送及输水管线工程建成。管线长度145千米，两条管线共沟敷设，双管线总里程为国内最长。包钢年产钢达到1000万吨，标志着包钢跻身千万吨级钢企行列，圆了几代包钢人的梦想。2010年，直径159毫米无缝钢管工程开工，2011年9月建成投产。2013年直径159毫米无缝钢管项目获中国建设工程鲁班奖。包钢先后建成了六条无缝钢管生产线，成为我国品种最为齐全的无缝钢管生产基地之一，实现了专业化生产和产品规格的全覆盖。炼钢厂新建

△ 白云鄂博西矿铁精矿浆管道工程

△ 直径159毫米无缝钢管生产线

4号、5号转炉工程建成、投产、出钢。两座新转炉采用干法除尘、底吹脱磷、气动挡渣等多项国内外先进技术，节能环保效果好。白云鄂博西矿铁精矿浆管道全线投入运行，白云鄂博西矿铁精矿浆管道是迄今为止国内管径最大、输送能力最强、单级泵站输送距离最长的矿浆输送管道，获内蒙古自治区科学技术进步奖一等奖。2011年7号高炉开工奠基，稀土钢板材工程建设正式启动。全国首批40个矿产资源综合利用示范基地之一——白云鄂博矿资源综合利用项目正式启动，并得到了国家和自治区政策和资金的大力支持。2012年，轨梁厂旧线改造大H型钢生产线建成，设计产能为年产120万吨大型型钢，包钢轨梁厂拥有两条国际先进的万能轧机生产线，可生产钢轨、H型钢、钢板桩、工槽钢的大型轨梁材；包钢氧化矿选矿搬迁及白云鄂博矿资源综合利用工程开工。这是包钢历史上投资最大的环保、资源综合利用项目，建成后可实现稀土、低品位铁矿、铌、钪、萤石等资源综合利用产业化，其中最大的铌资源综合回收，将成为包钢原创科研成果产业化的典范，将实现经济社会与资源、环境的和谐发展，盘活难采矿体资源，白云鄂博矿将成为"绿色矿山"。2013年，热连轧生产线成功轧出第一卷热轧卷板，制氧机工程建成投产。2014年，240吨转炉、3号和4号焦炉、1号烧结机、新体系7号高炉相继投产，7号高炉出铁，标志着稀土钢板材公司项目基本建成，铁前铁后工艺线贯通；2号烧结机、1号和2号焦炉、8号高炉陆续竣工投产，

△ 2014年5月29日，7号高炉出铁，标志着稀土钢板材公司项目基本建成

冶炼工艺全部打通，产能得以全部释放；2030毫米冷轧工程项目酸洗线投产。2015年，2030毫米冷轧工程酸轧线投产，2030毫米冷轧工程连退2号线实现热负荷试车，冷轧项目正朝着生产高端汽车板和家电板的目标迈进。CCPP联合循环发电项目1号机组正式并网发电。2号机组随后实现并网发电目标。炼铁厂有6座高炉，有效容积13180立方米；具备了年产1000万吨生铁能力。炼钢厂形成了南、北、中三个炼钢连铸作业区和一个原料作业区。全年共计产钢417.17万吨。

自1998年以来，包钢坚持改组与改造并重、改革与管理并举，以建立集团化母子公司管理体制、现代企业制度为目标，改制为包头钢铁（集团）有限责任公司。2003年包钢实现了跨越式的发展，迈出转变发展方式，实现内涵式发展的新步伐。经过60多年的发展，现在包钢已成为世界上最大的稀土工业基地，拥有北方稀土上市公司，是世界最大的稀土原材料供应商，在采、选、分离、冶炼和部分功能材料领域处于国际领先地位，为"神舟"系列飞船、"长征"系列运载火箭、"中国探月工程"等国家重点工程，提供了重要元器件；成为我国大型钢材生产基地，其钢铁产品应用于运输、石油、化工、煤炭和轻工等行业，在国家重点工程如毛主席纪念堂、南京长江大桥、北京地铁、北京国际饭店、北京亚运村、葛洲坝水电站、秦山核电站、京广铁路、青藏铁路、京沪高铁、三峡水库、鸟巢体育馆和各大油田等项目中发挥了重要作用，有力地支援了国家建设；已成为我国千万吨级重要的钢铁工业基地，拥有包钢股份上市公司，是中西部地区最大的板材生产基地，我国品种规格齐全的无缝管生产基地之一，世界装备水平最高、能力最大的高速轨生产基地；形成钢铁产业、稀土产业、矿业产业、非钢产业四大板块；也是内蒙古的工业龙头企业，内蒙古自治区对外开发的重点发展地区。为了改变包头的面貌，从包钢人当年在那寸草不生的荒滩原野上种下第一批树苗，到今天包钢厂区绿化快达到一半钢铁一半区绿的"塞北草原""钢铁绿洲"，包头已经建设成新型的工业城市，是全国20个最适宜发展工业的城市和全国投资环境50优城市之一，对于促进内蒙古的经济社会发展、民族团结进步起到重要的带动作用。

面向未来，包钢掀起了再创业高潮。包钢适应经济发展新常态，加快供给侧结构性改革，正在奋力实现以稀土为重心的战略转型，确立了"创一流企业，铸百年基业"的远大战略构想，建设世界一流的稀土新材料企业。2019中国企业500强发布，包头钢铁（集团）有限责任公司位列第225位。2019中国制造业企业500强排名第99位。2019年11月22日，包钢入选工业产品绿色设计示范企业（第一批）名单。

时至今日，包钢已走过近70年的征程，一代又一代的包钢人书写了一幅艰苦卓绝的奋斗长卷，以举世瞩目的巨大成就在历史岁月的长河中树立了铁骨丰碑，铸就了"工业长子"谱新篇，圆民族复兴梦的企业之魂，不负党和国家的期望，不忘周总理的嘱托，为国家和北疆地区的发展、民族复兴描绘出壮丽蓝图。

参考文献

［1］王树盛．乌兰夫传（1906—1988）［M］．北京：中央文献出版社，2007．

［2］包头市地方志史编修办公室，包头市档案馆．包头史料荟要（第1—14辑）［G］．呼和浩特：内蒙古出版局（内部发行），1980—1985．

［3］《包钢志》编委会．内蒙古自治区志·包钢志（1954—1990）［M］．呼和浩特：远方出版社，2016．

［4］包钢辉煌五十年丛书编辑委员会．包钢辉煌五十年丛书——见证包钢［M］．呼和浩特：远方出版社，2004．

［5］包钢辉煌五十年丛书编辑委员会．包钢辉煌五十年丛书——朝阳升起的地方［M］．呼和浩特：远方出版社，2004．

［6］包钢辉煌五十年丛书编辑委员会．包钢辉煌五十年丛书——科技经纬［M］．呼和浩特：远方出版社，2004．

［7］包头钢铁（集团）有限责任公司．尽工业长子之责 圆民族复兴之梦——纪念包钢成立60周年［M］．北京：新华出版社，2014．

[8]《包头市青山区志》编纂委员会. 包头市青山区志[M]. 呼和浩特：内蒙古人民出版社，2007.

[9]包头市地方志编纂委员会. 包头市志：第2卷[M]. 呼和浩特：远方出版社，2007.

[10]张宇. 内蒙古包头钢铁基地的建设与发展[M]. 呼和浩特：内蒙古人民出版社，2013.

[11]包头市地方志编纂委员会. 包头市志：第1卷[M]. 呼和浩特：远方出版社，2001.

[12]袁木. 包头钢铁稀土公司[M]. 北京：中国计划出版社，1991.

[13]包钢志·第六编 生产志（1959—1990）[Z]. 包头钢铁稀土公司档案馆，1993：1-42.